Título original: *Carl Schmitt Actuel, Guerre «Juste»,
Terrorisme, État D'Urgence, «Nomos de la Terre»*
© Éditions Krisis, 2007

Tradução: Antagonista, Sociedade Editora Lda.
Concepção de capa, grafismo e paginação: hekiw
antagonistaeditora@gmail.com
http://antagonistaeditora.blogspot.com

ISBN: 978-989-8336-01-9
Depósito legal:
© Antagonista, Sociedade Editora, 2009

Printed by Publidisa

Alain de Benoist
«GUERRA JUSTA», TERRORISMO, ESTADO DE URGÊNCIA E «NOMOS DA TERRA»
A Actualidade de Carl Schmitt

ANTAGONISTA

Para Jerónimo Molina Cano

Índex

Introdução

Foram publicados nestes últimos anos numerosos trabalhos sobre a influência, real ou suposta, do filósofo americano de origem alemã Leo Strauss (1899-1973) no meio "neoconservador" americano[1]. Segundo uma opinião expressa muito frequentemente, foi ao entrar em contacto com, ou ao ler, as obras de Strauss, que a maior parte dos neoconservadores se teria convencido da excelência de uma democracia que se confunde aos seus olhos com o sistema capitalista, da validade «universal» dos princípios dos quais se reclamam e da necessidade de os exportar para todo o lado no mundo, se necessário pela força. Alain Franchon e Daniel Vernet escrevem assim que, «por filiação ou por capilaridade (...) a filosofia de Strauss serviu de substrato teórico ao neoconservadorismo»[2]. O pensamento de Strauss constituiria assim o «pano de fundo» da acção dos partidários de George W. Bush. Constituiria prova disto a crítica do relativismo operada no círculo deste último, o seu recurso frequente ao vocabulário moral, a sua insistência sobre os «valores», etc.

Esta influência teria sido exercida, nomeadamente por intermédio de Allan Bloom, Harvey H. Mansfield, Henry Jaffa ou Albert Wohlstetter sobre Paul Wolfowitz, William Kristol, Robert Kagan e Donald Rumsfeld, todos os quatro membros do Projecto para o Novo Século Americano, mas também sobre homens tão díspares como William Bennett, Elliot Abrams, Richard Perle, Michael Novak, Norman Podhoretz, Dick Cheney, Michael Ledeen,

6

Charles Krauthammer, Gary Schmitt, Zalmay Khalizad, Alan Kayes, Francis Fukuyama, John Ashcroft, Samuel Huntington, Clarence Thomas, Robert Bork, Leon Kass, Harvey Mansfield, Lewis Libby, etc. São igualmente citadas fundações «straussianas» como a Lynd and Harry Bradley Foundation.

Foi por vezes autoreivindicada, por alguns neoconservadores[3], uma filiação intelectual entre Leo Strauss e os principais membros ou partidários do governo actual dos Estados Unidos. Ela foi, não obstante, igualmente contestada, não somente porque Leo Strauss não pode ser tido como responsável pela política posta em prática por alguns dos seus leitores ou discípulos, de qualquer forma ninguém pode saber como é que o próprio teria julgado as orientações actuais da Casa Branca, mas também porque o seu pensamento político, pensamento essencialmente filosófico, se afasta em pontos essenciais da ideologia neoconservadora[4]. A própria filha de Strauss esforçou-se por desmentir a ideia de que o seu pai, alguma vez, tivesse sido o «cérebro dos ideólogos neoconservadores que controlam a política externa dos Estados Unidos»[5]. Leo Strauss, filósofo notoriamente anti-historicista[6], nunca evocou nos seus livros as questões internacionais e, de um modo mais geral, só muito raramente se pronunciou sobre questões da actualidade. Mas o nosso propósito não é o de nos obstinarmos neste ponto. Trata-se antes de apreciar a maneira como, a partir de 2003, se desenvolveu toda uma polémica que, referindo-se à acção dos neoconservadores, associou estreitamente os nomes de Leo Strauss e Carl Schmitt.

Esta polémica, cujo início coincidiu com o 30° aniversário da morte de Leo Strauss, visava essencialmente desacreditar os meios neoconservadores, dos quais este último teria sido o «guru», fazendo-lhe endossar perspectivas atribuídas a Carl Schmitt. A ideia geral era a de que Schmitt teria sido um pensador «nazi», e que Leo Strauss, cúmplice de Schmitt, teria propagado, depois dele, as mesmas ideias «nazis» na América, sendo que o círculo de George W. Bush, influenciado pelo pensamento de Leo Strauss, se ligaria por seu intermédio às ideias de Schmitt e consequentemente ao nazismo. Esta tese caricatural é frequentemente acompanhada de uma representação quase conspiracionista do pensamento straussiano, que se disse ser impulsionado por considerações «esotéricas», inspirado por estratégias visando colocar no círculo do poder em exercício «conselheiros-filósofos» mais ou menos cínicos e visando objectivos inconfessados. Leo Strauss pôde assim ser acusado de ter recomendado a mentira e a duplicidade aos homens políticos, considerando que a verdade devia ser reservada para uma elite, o que permitiu denunciá-lo como «fascista» (Glen Yeadon). De qualquer modo, tratava-se de instrumentalizar algumas das críticas das quais Schmitt foi objecto, por causa do seu comprometimento com o regime nazi (1933-36), para desacreditar, primeiro Leo Strauss, e através deste os seus supostos discípulos, podendo todos ser, doravante, suspeitos de opiniões ou de práticas «nazis».

Esta tese foi primeiramente expressa na grande imprensa por alguns autores isolados[7] antes de ser retomada sistematicamente, de modo ainda mais polémico, nos meios próximos do muito controverso Lyndon B. LaRouche[8]. Seguidamente iríamos encontrá-la nos meios mais diversos. Particularmente significativo é o artigo do antigo deão da faculdade de ciência política da New School for Social Research, Alan Wolfe, «A Fascist Philosopher Help Us Understand Contemporary Politics», publicado em 2004 na *The Chronicle of Higher Education*. Wolfe escreve que para compreender a política actual do Partido Republicano, é preciso conhecer, não somente Leo Strauss, mas Carl Schmitt. O artigo sublinha, para seu espanto, o interesse que têm pelo pensamento schmittiano numerosos autores contemporâneos classificados como de esquerda. Assegura de seguida que nos Estados Unidos, «os conservadores absorveram ainda mais profundamente do que os liberais a concepção schmittiana da política» e que «o modo schmittiano de pensar a política invadiu o *Zeitgeist* contemporâneo no seio do qual floresceu o conservadorismo republicano»[9].

Fazendo por seu lado alusão aos comentários ao livro de Carl Schmitt, *O Conceito do Político*, que Leo Strauss redigiu no começo dos anos 30, Anne Norton escreve: «Strauss fez de *O Conceito do Político* uma leitura mais do que benevolente. Strauss, pensava Schmitt, tinha-o apreendido melhor do que ninguém, talvez mesmo melhor do que ele próprio o concebera. Tinha integrado no seu trabalho as apreciações de Strauss. E Strauss iria incorporar elementos do trabalho de Schmitt na sua própria crítica do liberalismo»[10]. Shadia B. Drury apresenta igualmente Leo Strauss como alguém que teria «radicalizado» (sic) as teses de Schmitt[11]. Sébastien Fath, falando de Leo Strauss, evoca também «o seu professor e colaborador Carl Schmitt»[12]. Stanford V. Levinson, professor na Universidade do Texas, assegura que Carl Schmitt é o verdadeiro inspirador da política da administração Bush[13]. Poderíamos citar muitos outros exemplos.

Todas estas afirmações, que levam a crer que Schmitt e Strauss pensavam fundamentalmente o mesmo e que Schmitt é hoje em dia o «mestre secreto» da Casa Branca, são por sua vez tão assombrosas quanto falsas. Emanam de autores que frequentemente têm apenas um conhecimento medíocre do pensamento de Strauss, e que aparentemente

ignoram a totalidade do de Schmitt[14]. Em primeiro lugar
nada faz supor que a obra de Schmitt alguma vez tenha
sido verdadeiramente lida nos meios neoconservadores[15].
Alan Wolfe e outros cometem, aliás, um contra-senso
absolutamente típico, de pesadas consequências: tendo
Carl Schmitt criticado duramente o liberalismo durante
toda a sua vida, pensam que os neoconservadores poderiam
naturalmente retomar esta crítica, por sua conta. É esquecer-
se que o termo «liberalismo» tem um sentido totalmente
diferente, senão mesmo oposto, na Europa e nos Estados
Unidos. Aquilo a que os Europeus chamam «liberalismo»
está de facto muito mais próximo do «conservadorismo», tal
como ele é entendido na América, do que daquilo que aí se
designa por «liberalismo». Para Schmitt, como para a maioria
dos autores da Europa continental, o «conservadorismo»
implica uma tomada de posição a favor do Estado e uma
concepção pessimista da natureza humana, enquanto que
o «liberalismo» se define pela crença no progresso, adesão
à ideologia dos direitos do homem, confiança no sistema de
livre troca, fé na superioridade do mercado, pela abordagem
individualista do facto social, etc. (Tudo coisas criticadas
como tais por Carl Schmitt). Do ponto de vista europeu,
os grandes teóricos liberais são John Locke e Adam Smith,
sendo os políticos contemporâneos mais liberais, Ronald
Reagan, Margaret Tatcher ou... George W. Bush. Colocando-o
noutros termos, na Europa, «liberal» opõe-se directamente a
«social», enquanto que nos Estados Unidos os *liberals* são
pelo contrário os que são favoráveis a intervenções sociais
do Estado. Desde logo, a partir do momento em que Alan
Wolfe escreve, por exemplo: «A mais importante lição que
Schmitt nos ensina é que a diferença entre os conservadores
e os liberais não incide, somente, sobre as políticas que
aconselham a adoptar, mas também sobre o próprio sentido

da política», acrescentando: «os liberais vêem na política um meio, mas os conservadores vêem nela um fim»[16], induz gravemente os seus leitores em erro (e prova de uma assentada que não compreendeu nada do que Schmitt disse). Anne Norton comete o mesmo erro quando escreve: «Leo Strauss associava-se a Carl Schmitt e a Alexandre Kojève na sua crítica do liberalismo e das instituições liberais»[17], dando assim a entender que estes autores atacavam uma ideologia que os Americanos situam à esquerda no tabuleiro político, enquanto que na Europa ela se situa à direita. A muito justa observação de Francis Fukuyama, segundo a qual «os neoconservadores (americanos) não querem de forma nenhuma defender a ordem das coisas fundada sobre a hierarquia, a tradição e uma visão pessimista da natureza humana»[18], é já suficiente para demonstrar tudo aquilo que separa esta tendência do pensamento de Carl Schmitt, que faz pelo contrário, de maneira explícita, duma concepção «pessimista» da natureza humana uma das pedras angulares do seu sistema.

Schmitt é de facto tão pouco «conservador» no sentido americano do termo que chega ao ponto de colocar a noção de propriedade privada no centro da «polaridade moral-economia» que denuncia vigorosamente como sendo o que há de mais alheio à essência do político. Os «conceitos liberais, escreve, movem-se todos de maneira característica entre a moral (o espírito) e a economia (os negócios) e, emanando destes pólos opostos, tendem a aniquilar o político (...) O centro da esfera é ocupado pelo conceito de propriedade privada cujos pólos, o ético e o económico, não são senão emanações antinómicas»[19]. A conclusão mais caridosa é portanto, novamente, que Anne Norton nunca leu uma linha de Carl Schmitt[20].

Que é feito pois das relações entre Leo Strauss e

Carl Schmitt? O dossier é escasso, e o laço entre os dois homens bastante ténue. Inscreve-se aliás num muito curto lapso de tempo. Strauss foi, em 1932, um dos primeiros comentadores da segunda edição do livro de Schmitt sobre o conceito do político[21]. Este comentário nada tinha de uma aprovação incondicional. Tratava-se pelo contrário de uma apreciação crítica, ainda que esta fosse expressa de forma muito educada. No seu comentário[22], Strauss censura Schmitt por este permanecer «no horizonte do liberalismo», ainda que lhe pretendesse fazer uma crítica radical, e por não ter compreendido que Hobbes, que é aos seus próprios olhos o pensador *antipolítico* por excelência, é precisamente aquele «que lançou os fundamentos do liberalismo», nomeadamente por causa das premissas individualistas da sua doutrina. Dá por outro lado a entender que o verdadeiro fundamento da posição de Schmitt face ao liberalismo é o seu catolicismo. Estas observações levaram Carl Schmitt a rever certas passagens do seu livro[23]. Na última edição, Schmitt reconhece, aliás, que foi levado a reformular alguns dos seus conceitos e a autocorrigir-se, no seguimento das críticas formuladas por Leo Strauss, o qual se limita sempre a qualificar como «leitor atento» da sua obra[24].

Durante esse mesmo ano de 1932, Carl Schmitt escreveu uma carta recomendando Leo Strauss para uma bolsa (*fellowship*) junto da Fundação Rockfeller, bolsa essa que permitiu a este último prosseguir os seus estudos em França e em Inglaterra, antes de emigrar definitivamente em 1937 para os Estados Unidos (onde ensinou filosofia política na Universidade de Chicago a partir de 1949). Heinrich Meier publicou, aliás, o texto de três cartas endereçadas a Schmitt por Leo Strauss entre 13 de Março de 1932 e 10 de Julho de 1933. Na primeira dessas cartas, Strauss agradece a Carl Schmitt a ajuda que lhe deu, limitando-se a exprimir-lhe de maneira educada o seu respeito pela sua obra, na verdade o mínimo que podia fazer em relação a alguém de quem é então devedor. Na segunda carta, datada de 4 de Setembro de 1932, precisa as críticas expressas no seu artigo. Na terceira, interroga Schmitt sobre um projecto de edição crítica da obra de Hobbes, no qual ele se diz desejoso de participar. Este projecto nunca viu a luz do dia. Schmitt nunca respondeu à última dessas cartas, e não possuímos o texto da sua resposta às outras duas, supondo que houve uma. Não conhecemos outra correspondência entre os dois homens, embora seja possível que Strauss tenha escrito ainda uma vez a Schmitt em 1934. As relações entre Leo Strauss e Carl Schmitt não foram mais longe. Carl Schmitt, que em 1932-33, não podia ainda conhecer de Strauss senão a primeira parte do seu trabalho sobre Hobbes, assim como a sua crítica de Spínoza publicada em 1931, limitar-se-á a citar o seu nome no seu livro sobre o *Léviathan* editado em 1938[25]. Strauss nunca mais publicará nada sobre Carl Schmitt[26].

Não insistiremos aqui sobre o conteúdo da filosofia política de Leo Strauss. Digamos somente que basta ler a obra deste último para constatar que a sua inspiração se distingue radicalmente da de Carl Schmitt. Heinrich Meier é aliás um dos que melhor demonstrou a incompatibilidade radical existente entre a *teologia* política de Schmitt e a *filosofia* política de Strauss: «*Inter auctoritatem et philosophiam nihil est medium*». «É impossível, escreve, preencher o abismo que separa a teologia política da filosofia política; aparta Carl Schmitt de Leo Strauss precisamente onde, ambos, pareciam ter as mesmas posições políticas, mesmo naquilo em que estão efectivamente de acordo, na crítica política de um adversário comum»[27]. «A política tem uma importância tão central para o pensamento de Leo Strauss, quanto a questão do inimigo e da hostilidade a têm pouco», lembra

13

igualmente, o que demonstra bem o erro das interpretações que atribuem a Strauss um pensamento governado pela ideia da inimizade[28]. Entre os dois homens, para retomar a expressão de Heinrich Meier, há pois um «abismo». Medimos por aí a pouca seriedade dos autores que pretendem hoje em dia ver em Leo Strauss o continuador e o discípulo do pensamento schmittiano.

A tese da influência exercida por Carl Schmitt sobre os neoconservadores americanos por intermédio de Leo Strauss não passa de uma fábula. Mas há, por outro lado, uma incontestável actualidade do pensamento schmittiano, actualidade bem discernida por numerosos observadores, singularmente depois dos atentados do 11 de Setembro de 2001, que a vida internacional, bem como certas iniciativas do governo americano, não cessaram de nutrir no decurso destes últimos anos. São os principais aspectos dessa actualidade que examinaremos neste ensaio.

[1]   Cf. especialmente Shadia B. Drudy, *Leo Strauss and the American Right*, St. Martin's Press, Nova Iorque 1997 (2 ed.: MacMillan, Nova Iorque 1999). Da mesma autora: *Political Ideas of Leo Strauss*, MacMillan, Londres, 1988; «Leo Strauss e i neoconservatori», in *Itride*, Bolonha, XVII, 42, Maio-Agosto 2004, pp. 291-301; «La sponda americana: un modello politico? Sterminare il nemico. Leo Strauss e Carl Schmitt», in *Il Ponte*, 2005, 2-3, S. 103-117. O melhor estudo sobre a influência de Strauss nos Estados Unidos continua a ser contudo o de Kenneth L. Deutsch e John A. Murley (ed.), *Leo Strauss, the Straussians, and the American Regime*, Rowman & Littlefield, 1999. A tese de uma influência de Leo Strauss sobre os neoconservadores foi igualmente retomada recentemente, de maneira mais sumária, quando não simplista, por Anne Norton, *Leo Strauss and the Politics*

of *American Empire*, Yale University Press, New Haven 2004 (trad. Fr.: *Leo Strauss et la politique de l'empire américain*, Denoël, Paris 2006). Cf. também Benjamin Barber, «Among the Straussians», in *New York Review of Books*, Nova Iorque, 14 de Abril de 1988; Alfons Söllner, «Leo Strauss. German Origin and American Impact», in Peter Kielmansegg, Horst Mewes e Elisabeth Glaser-Schmidt (ed.), *Hannah Arendt and Leo Strauss*, Cambridge 1995, pp. 121-137; William Pfaff, «The Long Reach of Leo Strauss», in *International Herald Tribune*, Nova Iorque, 15 de Maio de 2003. Uma abordagem equilibrada: Edward Skidelsky, «No More Heroes», in Prospect, Londres, Março de 2006.

[2] Alain Franchon e Daniel Vernet, «Le stratège et le philosophe», in *Le Monde*, Paris, 16 de Abril de 2003. Cf. também Heinrich August Winkler, «Wenn die Macht Recht spricht», in *Die Zeit*, 18 de Junho de 2003.

[3] Cf. Carnes Lord, «Thoughts on Strauss and Our Present Discontents», in Kenneth L. Deutsch e John A. Murley (ed.), *Leo Strauss, the Straussians, and the American Regime*, op. cit.; Steven Lenzner e William Kristol, «What Was Leo Strauss Up To?», in *The Public Interest*, Washington, Outono de 2003.

[4] Cf. especialmente a abordagem de Carole Widmaier, «Leo Strauss est-il néoconservateur? L'épreuve des textes», in *Esprit*, Paris, Novembro de 2003, pp. 23-38. Widmaier contesta que o pensamento de Strauss possa ser assimilado a uma teoria política ou que seja o pensamento de uma cultura particular (o da democracia americana). A ética straussiana, diz ela, «não é a da política, mas a do pensamento», e mais especialmente a de um pensamento estritamente filosófico. Sublinhando de passagem que o uso que os conservadores fazem do termo «valores» difere fortemente daquele que dele fazia Leo Strauss, considera que «o messianismo matizado de optimismo dos neoconservadores está ausente do pensamento de Strauss» e que «a designação de um "Eixo do Mal" é, mau grado as aparências, propriamente *antistraussiano*». Conclui que «a interpretação neoconservadora

15

das ideias de Strauss nem sequer a é: trata-se nem mais nem menos de uma traição» (p. 36), dado que «o objecto de Strauss não é a política, mas a *filosofia*» (p. 38). Cf. também Laurence Berns, «Correcting the Record on Leo Strauss», in *Political Science and Politics*, XXVIII, 4, Dezembro de 1995; Heinrich Meier, «Der Philosoph der Stunde», in *Focus*, 30 de Junho de 2003, pp. 54-57; Thomas G. West, «Que dirait Léo Strauss de la politique étrangère américaine?», in *Commentaire*, Paris, Primavera de 2004, pp. 71-78; e Mark Lilla, «Leo Strauss: The European», in *The New York Review of Books*, Nova Iorque, 21 de Outubro de 2004, pp. 58-60, que realça que há menos «straussianos» em torno de George W. Bush do que havia nas administrações de Ronald Reagan e George Bush Sr. Duas abordagens mais recentes: Heinrich Meier, «Pourquoi Leo Strauss? Heurs et malheurs de l'école pour 1 avie philosophique», in *Commentaire*, Verão de 2006, pp. 307-313 ; e sobretudo Daniel Tanguay, «Néoconservatism et religion démocratique. Leo Strauss et l'Amérique», ibid., pp. 315-324. «Seria um erro, escreve este último, crer que os temas straussianos foram transpostos sem modificação para o discurso neoconservador. A sua adaptação política era uma tarefa complexa e infligiu a estes temas modificações profundas, indo por vezes ao ponto de afectar o seu sentido original» (p. 317). «A politização a todo o transe de Strauss pelos seus discípulos americanos e pelos neoconservadores, acrescenta, arrisca-se a ocultar o sentido do movimento do pensamento de Strauss» (p. 322).
5 Jenny Strauss Clay, «The Real Leo Strauss», in *The New York Times*, Nova Iorque, 7 de Junho de 2003.
6 Para uma discussão do anti-historicismo straussiano, cf. Claes G. Ryn, «History and the Moral Order», in Francis Canavan (ed.), *The Ethical Dimension of Political Life*, Duke University Press, Durham 1983; Paul Gottfried, *The Search for Historical Meaning*, Northern Illinois University Press, DeKalb 1986.
7 Cf. James Atlas, «A Classicist's Legacy: New Empire Builders», in *The New York Times*, Nova Iorque, 4 de Maio

de 2003; Seymour Hersh, The New Yorker, Nova Iorque, 5 de Maio de 2003. Cf. igualmente três artigos aparecidos alguns anos antes: Hiram Caton, «Explaining the Nazis. Leo Strauss Today», in *Quadrant*, Outubro de 1986, pp. 61-65; Jacob Weisberg, «The Cult of Leo Strauss. An Obscure Philosopher's Washington Disciples», in News-week, 3 de Agosto de 1987, p. 16; Brent Staples, «Undemocratic Vistas: The Sinister Vogue of Leo Strauss», in *The New York Times*, Nova Iorque, 28 de Novembro de 1994.

[8] Para melhor «nazificar» os meios neoconservadores americanos (praticando aquilo a que Leo Strauss chamava a «*reductio ad hitlerum*»), os partidários de LaRouche não hesitaram em recorrer às afirmações mais extravagantes, exprimidas em termos não somente excessivos, mas por vezes delirantes. Barbara Boyd, num texto intitulado «Carl Schmitt, Dick Cheney's Eminence Grise» (*Executive Inteligence Review*, 6 de Janeiro de 2006), apresenta assim Carl Schmitt como o teórico do «inimigo absoluto» e autor de livros cuja promoção teria sido organizada «pelo bando dos banqueiros sinarquistas». Assegura que «a estreita relação entre Carl Schmitt e Leo Strauss (...) permite pensar que a tomada de posição de Dick Cheney a favor do *Führerprinzip* não é uma coincidência» (sic), e que «as obras de Schmitt se revelaram muito úteis para o sujo trabalho empreendido nos anos 1970 por George Schultz e Henry Kissinger, desde logo quando derrubaram o governo de Allende no Chile»! Num outro texto, publicado alguns meses antes («Leo Strauss y Carl Schmitt, el jurista de Hitler», in EIR – *Resumen Ejecutivo*, Março de 2005), afirmava muito seriamente que os trabalhos de Schmitt foram «em grande parte financiados à escala internacional pelos straussianos da Fundação Lynde e Harry Bradley». Qualificando Schmitt simultaneamente como o «padrinho intelectual de Strauss» e como o «Hannibal Lecter da política moderna» (sic), chegaria ao ponto de apresentar Alexandre Kojève como um «ideólogo do fascismo universal». O primeiro texto de Barbara Boyd foi reeditado numa brochura

publicada em Janeiro de 2006 (visando contestar a nome-
ação de Samuel Alito para o supremo Tribunal): *Cheney's*
«Schmittlerian» Drive for Dictatorship. Children of Satan IV,
Lyndon LaRouche PAC, Leesburgh 2006. No seu *Executive*
Intelligence Review, Lyndon B. LaRouche assegura que Dick
Cheney e Paul Wolfowitz são «fascistas», que «Strauss e
Kojève defenderam abertamente a mesma filosofia fascista
que foi a de Carl Schmitt, guru de Strauss», etc.

[9] *The Chronicle of Higher Education,* Washington, 2 de Abril
de 2004.

[10] *Leo Strauss et la politique de l'empire américain,* op. cit., pp.
49-50. Para uma crítica do livro de Anne Norton, cf. Peter
Berkowitz, *New York Post Online Edition,* 3 de Outubro de
2004. Como muitos outros autores, Berkowitz apontou numerosos erros factuais neste livro. Sublinha também o carácter superficial e a incapacidade da autora em demonstrar
o que defende.

[11] *Leo Strauss and the American Right,* op. cit., pp. 65-97
(«Strauss's German Connection: Schmitt und Heidegger»).

[12] *Dieu bénisse l'Amérique. La religion de la Maison-Blanche,*
Seuil, Paris 2004, p. 206.

[13] *Daedalus,* Verão de 2004.

[14] Sébastien Fath, escreve não sem razão, que «o presidente
Bush Jr. não leu provavelmente uma única linha de Strauss»
(op. cit., p. 219). Podemos, sem corrermos um grande risco
de nos enganarmos, pensar que não leu jamais uma única
linha de Carl Schmitt. Peter Sirk realça por seu lado que
seria evidentemente erróneo presumir «que quem quer que
seja que empregue argumentos análogos aos de Schmitt o
faça porque foi directamente influenciado por Schmitt, ou
até mesmo indirectamente influenciado por vias complexas,
subterrâneas ou conspirativas» (*Carl Schmitt, Crown jurist*
of the Third Reich. On Preemptive War, Military Occupation,
and World Empire, Edwin Mellen Press, Lewiston 2005, p.
35). Chantal Mouffe chega a conclusões idênticas (*On the*
Political, Routledge, Abingdon 2005, pp. 77-80). Cf. também Linda S. Bishai e Andreas Behnke, *War, Violence, and*

the Displacement of Political, Townson University, Townson [Maryland] 2005; James O'Connor, *Exceptions, Dinstinctions, and Processes of Identification: The «Concrete Thought» of Carl Schmitt and US Neoconservatism as Seen through Readings of Kenneth Burke and Jacques Derrida*, tese de mestrado, Universidade de Helsinquia, Helsinquia 2006.

[15] Lembramos que foi apenas numa data relativamente recente que as principais obras de Carl Schmitt foram traduzidas para língua inglesa. Citamos, por ordem de publicação: *The Concept of the Political*, Rutgers University Press, New Brunswick 1976 (2e ed.: University of Chicago Press, Chicago 1996); *Political Theology*. Four Chapters on the Concept of Sovereignty, MIT Press, Cambridge 1985 (2e ed.: University of Chicago Press, Chicago 2005); *The Crisis of Parliamentary Democracy*, MIT Press, Cambridge 1985; *Political Romanticism*, MIT Press, Cambridge 1986; «The Plight of European Jurisprudence», in *Telos*, Nova Iorque, 83, Primavera de 1990, pp. 35-70; *The Leviathan in the State of Thomas Hobbes. Meaning and Failure of a Political Symbol*, Greenwood Press, Westport 1996; *Roman Catholicism and Political Form*, Greenwood Press, Westport 1996; *The Tyranny of Values*, Plutarch Press, Washington 1996; *Land and See*, Plutarch Press, Washington 1997; *State, Movement, People. The Triadic Structure of the Political Unity*, Plutarch Press, Corvallis 2001; *The «Nomos» of the Earth in the International Law of the «Jus Publicum Europaeum»*, Telos Press, Nova Iorque 2003 : *Legality and Legitimacy*, Duke University Press, Durham 2004; *On the Three Types of Juristic Thought*, Praeger Publ., Westport 2004; «Theory of the Partisan. Intermediate Commentary on the Concept of the Political», in *Telos*, Nova Iorque, 127, Primavera de 2004, pp. 11-78 (outra trad.: «The Theory of the Partisan. A Commentary/Remark on the Concept of the Political», in *The New Centennial Review*, East Lansing [Michigan], IV, 2004, 3); *War/Non-war? A Dilemma*, Plutarch Press, Corvallis 2005. Sabemos, aliás, que um certo número de «schmittianos» anglo-saxónicos se situam claramente à es-

querda, como são disso testemunha os artigos publicados na revista nova-iorquina Telos (fundada nos anos 60 pelos discípulos americanos de Theodor W. Adorno e de Max Horkheimer, próceres da Escola de Frankfurt, ou as obras de Joseph W. W. Bendersky, Ellen Kennedy, Gary L. Ulmen, Chantal Mouffe, Gopal Balakrishnan, etc.

[16] Art. cit.

[17] Op. cit., p. 115.

[18] The Wall Street Journal, Nova Iorque, 24 de Dezembro de 2002.

[19] La notion de politique, Flammarion, Paris 1992, p. 116.

[20] Apercebemo-nos novamente disso na p. 155, onde esta faz de Schmitt uma espécie de apologista dos valores guerreiros (ou da concepção guerreira da vida), o que é o exacto oposto do seu pensamento. «Aos olhos de Carl Schmitt, escreve, como ainda aos de certos alunos de Leo Strauss, a guerra parecia ser uma actividade transmissora de veracidade à vida (...) A guerra restauraria igualmente a virtude. Sem a guerra, o heroísmo e a coragem, a bravura e o sacrifício perdem-se», etc. A realidade é exactamente o inverso. Schmitt rejeita totalmente, por exemplo, os pontos de vista do jovem Ernst Jünger, a sua concepção «agónica» da existência, a sua percepção, em parte estética, da guerra. A guerra, aos olhos de Schmitt, não tem nenhum valor intrínseco. Ela não é senão um meio para atingir um objectivo político ou de restaurar a paz.

[21] Der Begriff des Politischen. Mit einer Rede über das Zeitalter der Neutralisierung und Entpolitisierungen, Duncker u. Humblot, Munique-Leipzig 1932. Trata-se de uma edição revista. A primeira edição data de 1928 e foi precedida de um primeiro esboço, tendo como base o texto de uma conferência pronunciada em Berlim a 10 de Maio de 1927 (Archiv für Sozialwissenschaft und Sozialpolitik, LVIII, 1, Setembro de 1927, pp. 1-33). (trad. brasileira: O Conceito do Político (Der Begriff des Politischen), apresentação de Hans Georg Flickinger, tradução de Alvaro L. M. Valls, Ed. Vozes, Petrópolis RJ 1992.)

[22] Leo Strauss, «Anmerkungen zu Carl Schmitt, *"Der Begriff des Politischen"* (1932)», in *Archiv für Sozialwissenschaft und Sozialpolitik*, Tübingen, LXVII, 6, Agosto-Setembro de 1932, pp. 732-749; texto reeditado in Leo Strauss, *Hobbes' politische Wissenschaft* (Luchterhand, Neuwied 1965, pp. 161-181, última edição: in *Hobbes'politische Wissenschaft und zugehörige Schriften – Briefe* [= Gesammelte Schriften, vol. 3], J.-B. Metzler, Estugarda-Weimar 2001, pp. 217-242), assim como no livro de Heinrich Meier (cf. nota 23). O texto inglês, «Comments on Carl Schmitt's "Der Begriff des Politischen"», foi reeditado in Leo Strauss, *Spinoza's Critique of Religion*, Schocken Books, Nova Iorque 1965, pp. 331-351, depois in Leo Strauss, *An Introduction to Political Philosophy*, Wayne State University Press, Detroit 1989. Note-se que Strauss faz uma leitura do livro de Schmitt muito diferente daquela efectuada, ao mesmo tempo, por Hans Morgenthau na sua tese de direito internacional, *La notion du politique et la théorie des différends internationaux* (Librairie du recueil Sirey, Genébra 1933). Sobre este ponto, cf. Hans-Karl Pichler, «The Weberian Legacy. The Godfathers of "Truth": Max Weber and Carl Schmitt in Morgenthau's Theory of Power Politics», in *Review of International Studies*, Cambridge, XXIV, 2, Abril de 1998, pp. 185-200; Martti Koskenniemi, «Carl Schmitt, Hans Morgenthau, and the Image of Law in International Relations», in Michael Byers (ed.), *The Role of Law in International Politics. Essays on International Relations and International Law*, Oxford University Press, Oxford 2000, S. 17-34 (texto reeditado e desenvolvido sob o título «Out of Europe: Carl Schmitt, Hans Morgenthau, and the Turn to "International Relations"» in Martti Koskenniemi, *The Gentle Civilizer of Nations. The Rise and Fall of International Law 1870-1960*, Cambridge University Press, Cambridge 2001, S. 413-509).

[23] *Der Begriff der Politischen* conheceu uma terceira edição em 1933. A versão de 1932 foi reeditada em 1963, com um prefácio e três «corolários» complementares. É esta versão que tem sido constantemente reeditada desde então (13 edi-

ção em 2002). As diferentes versões da obra, bem como o texto de Strauss, foram objecto de um estudo exaustivo por parte de Heinrich Meier (*Carl Schmitt, Leo Strauss und der «Begriff des Politischen». Zu einem Dialog unter Abwesenden. Mit Leo Strauss Aufsatz über den «Begriff des Politischen» und drei unveröffentlichten Briefen an Carl Schmitts aus den Jahren 1932-33, J.-B. Metzler, Estugarda 1988, 2e ed. aumentada: J.B. Metzler, Estugarda-Weimar 1998; trad. fr.: Carl Schmitt, Leo Strauss et la notion de politique. Un dialogue entre absents. Suivi du commentaire de Leo Strauss sur «La notion de politique» et de trois lettres inédites à Carl Schmitt des années 1932-33, Julliard-Commentaire, Paris 1990; trad. ingl.: Carl Schmitt and Leo Strauss. The Hidden Dialogue. Including Strauss's Notes on Schmitt's «Concept of the Political» and Three Letters from Strauss to Schmitt, University of Chicago Press, Chicago 1995*). Para além do texto de Leo Strauss, a obra contém três cartas tendo como destinatário Carl Schmitt em 1932-33. Em França, para além da versão constante no livro de Heinrich Meier, o texto de Strauss foi igualmente traduzido por Jean-Louis Schlegel em anexo ao livro de Carl Schmitt, *Parlementarisme et démocratie* (Seuil, Paris 1988, pp. 187-214).

[24] La notion de politique, op. cit., pp. 183 et 186.

[25] *Der Leviathan in der Staatslehre des Thomas Hobbes. Sinn und Fehlschlag eines politischen Symbols, Hanseatische Verlagsanstalt, Hamburgo 1938 (última edição: Hohenheim, Köln-Lövenich 1982, cf. pp. 20-21; trad. fr.: Le Léviathan dans la doctrine de l'État de Thomas Hobbes. Sens et échec d'un symbole politique*, Seuil, Paris 2002).

[26] Sobre as relações entre Schmitt e Strauss, cf. Paul Gottfried, «Schmitt and Strauss», in *Telos*, Nova Iorque, 96, Verão de 1993, pp. 167-176; John P. McCormick, «Fear, Technology, and the State. Carl Schmitt, Leo Strauss and the Revival of Hobbes in Weimar and National Socialist Germany», in *Political Theory*, XXII, 1994, 2, pp. 619-652; Robert Howse, «From Legitimacy to Dictatorship – and Back Again. Leo Strauss's Critique of the Anti-Liberalism

of Carl Schmitt», in David Dyzenhaus (ed.), *Carl Schmitt's Challenge to Liberalism*, nº especial do *The Canadian Journal of Law and Jurisprudence*, Londres [Ontário], X, 1, Janeiro de 1997, pp. 77104, texto reeditado in David Dyzenhaus (ed.), Law as Politics. *Carl Schmitt's Critique of Liberalism*, Duke University Press, Durham 1998, pp. 56-90; e «The Use and Abuse of Leo Strauss in the Schmitt Revival on the German Right – The Case of Heinrich Meier» (texto inédito); Eduardo Hernando Nieto, «¿Teología política o filosofía política? La amistosa conversación entre Carl Schmitt y Leo Strauss», in Jorge E. Dotti y Julio Pinto (ed.), Carl Schmitt. *Su época y su pensamiento*, Eudeba, Buenos Aires 2002, pp. 189-209; Claudia Hilb, «Más allá del liberalismo. Notas sobre las "Anmerkungen" de Leo Strauss al "Concepto de lo político" de Carl Schmitt», ibid., pp. 211-227; Miguel E. Vatter, «Strauss and Schmitt as Readers of Hobbes and Spinoza. On the Relation between Political Theology and Liberalism», in CR: *The New Centennial Review*, East Lansing, IV, 3, Inverno de 2004, pp. 161-214; Carlo Altini, *La storia della filosofia come filosofia politica. Carl Schmitt et Leo Strauss lettori di Thomas Hobbes*, ETS, Pisa 2004; D. Janssens, «A Change of Orientation: Leo Strauss's "Comments" on Carl Schmitt Revisited», in Interpretation, XXXIII, 2005, 1, pp. 93-104; *Reinhard Mehring*, «Carl Schmitt, Leo Strauss, Thomas Hobbes und die Philosophie», in *Philosophisches Jahrbuch*, Freiburgo i. Br., CXII, 2005, 2, pp. 380-394; Walter Schmidt, «Politische Theologie III. Anmerkungen zu Carl Schmitt und Leo Strauss», in *Charlotte Gaitanides* (Hrsg.), *Europa und seine Verfassung. Festschrift für Manfred Zuleeg zum siebzigsten Geburtstag*, Nomos, Baden-Baden 2005, S. 15-34; *Jianhong Chen, Between Politics and Philosophy. A Study of Leo Strauss in Dialogue with Carl Schmitt*, tese de doutoramento, Universidade católica de Lovaina, Louvain-la-Neuve 2006. Cf. também *John Gunnell*, «Strauss Before Straussianism. The Weimar Conversation», in Review *of Politics*, LII, 1, Inverno de 1990. Numa entrevista publicada pelo diário *La Repubblica*

(«Il filosofo e la politica», 24 de Março de 2005, p. 55), Altini lembra, também ele, que Strauss acusava Schmitt de «falta de coerência» na sua crítica do liberalismo e de, para além disso, «propor uma leitura ideológica de Hobbes». Precisa na ocasião que «Strauss nunca pensou que o príncipe tinha necessidade de um conselheiro filósofo». Paul Gottfried escreve: «em suma, não existe nada no dossier publicado das relações entre Schmitt e Strauss que possa indicar o papel que este último desempenhará em seguida na fundação de uma escola cujos membros se tornaram hoje em dia em missionários planetários da "democracia liberal" americana» (art. cit., p. 173) Para mais, decorreu um seminário de mestrado animado pelos professores Heinz Dieter Kittsteiner e Michael Minkenberg, entre 14 de Abril e 14 de Julho de 2005, na l'Europa-Universität Viadrina de Francfort/Oder, sobre o tema: «Carl Schmitt, Leo Strauss und die amerikanischen Neokonservativen».

[27] Carl Schmitt, *Leo Strauss et la notion de politique*, op. cit., p. 71. Cf. também Benjamin Sax, «The Distinction Between Political Theology and Political Philosophy», in *The European Legacy*, Agosto de 2002, pp. 499-502. De Heinrich Meier, que é igualmente o director da publicação das obras completas de Leo Strauss na Alemanha, podemos ainda ler *Die Denkbewegung von Leo Strauss. Die Geschichte der Philosophie und die Intention des Philosophes*, J.-B. Metzler, Estugarda-Weimar 1996 e *Das theologischpolitische Problem. Zum Thema Leo Strauss*, J.B. Metzler, Estugarda 2003 (trad. ingl.: *Leo Strauss and the Theological-Political Problem*, Cambridge University Press, Cambridge 2006; trad. fr.: Leo Strauss. *Le problème théologico-politique*, Bayard, Paris 2006). Sobre Leo Strauss, cf. também Daniel Tanguay, *Leo Strauss. Une biographie intellectuelle*, Grasset, Paris 2003; *Park Sung-rae, Leo Strauss, Gimm-Young*, Seul 2005.

[28] Ibid., p. 120. Carole Widmaier sublinha também ela que «Leo Strauss não é Carl Schmitt: o antagonismo amigo/inimigo não é o que define (para Strauss) a relação política» (art. cit., p. 35).

Da «Guerra Regular»
ao Retorno da «Guerra Justa»

«Os homens de Estado deveriam ter, antes mais, a capacidade de distinguir os amigos dos inimigos», escreveu Irving Kristol um dos principais neoconservadores americanos, no jornal do seu filho William, *The Weekly Standard*[1]. Carl Schmitt não teria evidentemente desautorizado este propósito, tanto no seu aspecto descritivo como no seu aspecto normativo. A própria essência do político é originária com efeito, segundo ele, não tanto do factor inimizade quanto da possibilidade de uma distinção ou de uma discriminação entre o amigo (público) e o inimigo (público), não da luta, mas da possibilidade de uma luta. A política, noutros termos, implica a conflitualidade: uma visão estritamente pacificada da vida social é uma visão *impolítica*. Desde logo, a incerteza sobre a identidade do inimigo constitui em política um dos maiores perigos que existem.

Schmitt não adopta contudo a célebre fórmula de Clausewitz, segundo a qual a guerra não é senão a prossecução da política por outros meios. Sublinha pelo contrário que esta definição «não esgota a significação da guerra para quem procura determinar a natureza da política»[2]. A guerra é, tal como o Estado de excepção, do qual falaremos em seguida, um conceito limite (*Grenzbegriff*). Prolonga incontestavelmente o político, uma vez que este implica a inimizade, mas não se reconduz a ele, uma vez que tem a sua própria essência. Schmitt lembra com efeito que, se a guerra tem a sua óptica e as suas regras próprias, estas «supõem contudo que a decisão política, aquela que designa o inimigo, é um

26

facto previamente adquirido»[3]. Sustentando que o político, mesmo em tempo de paz, possui uma dimensão conflitual, Schmitt adopta uma posição próxima da de Clausewitz, mas que não se confunde com esta; antes tende a completá-la e a ultrapassá-la. Clausewitz vê aquilo que há de político na guerra, Schmitt o que há de conflitual na política.

Schmitt propõe simultaneamente uma concepção política da inimizade. O inimigo deve, segundo ele, ser olhado politicamente: deve continuar a ser um inimigo *político*, quer isto dizer um adversário que se combate, certamente, mas com quem se poderá fazer um dia a paz. Na óptica do *jus publicum europaeum*, a paz é claramente o propósito da guerra: toda a guerra se conclui naturalmente por um tratado de paz. E como é somente com o inimigo que se pode fazer a paz, tal implica que os beligerantes se *reconheçam mutuamente*. Um tal reconhecimento (do Outro, simultaneamente, na sua mesmidade e na sua alteridade) é a própria condição da possibilidade de uma paz, uma vez que só pode ser convidado a concluir um tratado de paz, um beligerante que se tenha previamente reconhecido. É isto que permite a Schmitt afirmar que uma guerra absoluta, uma guerra total, seria um desastre de um ponto de vista estritamente político na medida em que, visando aniquilar o inimigo, resultaria ao mesmo tempo no desaparecimento do elemento constitutivo do político[4].

Carl Schmitt afirma que a «guerra regular», característica da ordem westfaliana fundada sobre o *jus publicum europaeum*, que substituiu a antiga *respublica christiana*, é o conflito onde os beligerantes «se respeitam, mesmo na guerra, enquanto inimigos sem se discriminar mutuamente como criminosos, de modo que a obtenção de uma paz é possível e aí reside o desfecho normal e completamente natural da guerra»[5]. A guerra conduzida segundo o antigo direito das gentes obedece a regras definindo, por exemplo, a conduta das tropas em relação aos prisioneiros e aos civis, o respeito pelos neutrais, a imunidade dos embaixadores, as regras de rendição de uma praça-forte, as modalidades de conclusão de um tratado de paz. Quase nunca visa depor um soberano ou mudar o regime de um país, mas mira, muito frequentemente, simples alvos territoriais. Enfim, é uma realidade exclusivamente inter-estatal. O Estado detém simultaneamente o monopólio da violência legítima (Max Weber) e o monopólio da decisão política (Schmitt), quer isto dizer que as guerras privadas e as vendetas familiares são interditas (interdição que se estenderá progressivamente ao duelo). Tal significa também que os indivíduos não podem continuar a ser inimigos (públicos) senão enquanto membros ou cidadãos de um Estado, e já não individualmente, por eles mesmos. Na ordem westfaliana, o *jus ad bellum* é reconhecido a todo o soberano, uma vez que faz parte das liberdades ou dos direitos constitutivos da soberania dos Estados. Um tal sistema exclui a própria ideia de uma «polícia internacional». Reconhece por outro lado a legitimidade da neutralidade de terceiros.

Aos olhos de Schmitt, o grande mérito do *jus publicum europaeum* foi substituir a doutrina medieval da «guerra justa», de inspiração moral, por uma doutrina política da «guerra segundo as regras» ou «guerra regular» (Vattel). Foi a partir daí, com a afirmação dos Estados soberanos, nomeadamente em relação à Igreja romana (posteriormente à «neutralização» das guerras de religião que dividiram e devastaram a Europa), que esta nova doutrina se implantou. Esta evolução conduziu, em primeiro lugar, ao reconhecimento da personalidade soberana e igual soberania dos Estados, seguidamente levou a que se pusesse a tónica, já não sobre o *jus ad bellum* (as condições que autorizam a guerra), mas sobre o *jus in bello* (as condições nas quais a guerra se deve desenrolar). A partir desse momento, já não é a guerra que é aceite quando declarada justa, mas o inimigo que se torna «justo» na própria medida em que é reconhecido. A guerra entre os Estados é, pois, uma guerra fundamentalmente simétrica. Decalca-se sobre o modelo do duelo, opondo adversários que reconhecem mutuamente a sua *aequalitas* e observam, quer um quer outro, as regras de um mesmo código. Graças ao conceito formal de *justus hostis*, de inimigo reconhecido, o estatuto de direito público atribuído à guerra faz dela um enfrentamento regulamentado entre Estados soberanos formalmente iguais, o que no fundo «pouco mais é do que um duelo entre homens de honra»[6].

Longe de pensar que a guerra liberta das regras do direito, Schmitt advoga pelo contrário, incansavelmente, que esta continue submetida aos princípios do *jus in bello*. Como escreveu Norbert Campagna, «a noção schmittiana de guerra é uma noção arreigadamente jurídica»[7]. O *jus publicum europaeum*, instituindo limites a não ultrapassar, impediu que os conflitos armados degenerassem em guerra total, quer isto dizer em «exterminação cega e recíproca». Foi assim, escreveu Schmitt, que se conseguiu «racionalizar, humanizar e juridificar, numa palavra: circunscrever a guerra»[8], quer isto dizer, limitá-la. A doutrina da «guerra regular» equivale a uma limitação da guerra uma vez que ela torna impossível a guerra de aniquilamento. O *jus publicum europaeum* foi o *Katechon* por excelência, o grande retardador do advento de um retorno das guerras justas sob o horizonte do universalismo jurídico. A guerra nunca é, pois, para Schmitt, um fim em si. Para este, ela não tem sequer valor como representação simbólica (ou estética) da existência humana: «os valores guerreiros», já o dissemos, são-lhe totalmente alheios. Uma tal concepção da guerra, embora reconhecendo que ela é inevitável, está claramente ao serviço da paz. Enquanto que a política é definida pelo elemento da conflitualidade que contém, a guerra é apresentada como excepção, como uma perturbação momentânea da ordem normal das coisas que é a paz.

A guerra total é uma guerra que, por oposição à guerra regular, não conhece nenhum tipo de limitação. É este tipo de guerra que encontramos exaltado no monoteísmo bíblico, sob a forma da «guerra santa obrigatória» (*milhemit mitzva*) levada a cabo contra os inimigos de Deus. O inimigo já não é pois, mais um simples adversário, com quem nos podemos reconciliar, mas uma figura do Mal, que é necessário erradicar. O livro de Josué, nomeadamente, descreve longamente a exterminação do inimigo, a destruição das suas cidades, a execução das mulheres, das crianças e mesmo dos animais, a mutilação de cadáveres, etc., tudo coisas que apresenta como um dever sagrado[9].

De uma reelaboração pelos teólogos cristãos desta doutrina bíblica nascerá na Idade Média a doutrina da guerra justa (*bellum justum*), que já não é uma guerra explicitamente desejada por Deus, mas que pode ser conduzida legitimamente conquanto que obedeça a certas regras e condições.[10] As condições clássicas da guerra justa são a justa causa, a legítima defesa, a proporcionalidade dos meios e o último recurso. A guerra deve ser conduzida pela autoridade competente, ter por objectivo a paz, corresponder a uma «recta intenção», obedecer a certas regras na condução das operações, não fazer vítimas desnecessárias, etc. Como o sublinha Danilo Zolo, é também uma guerra essencialmente terrestre pressupondo a presença de uma *autorictas spiritualis* estável, na ocorrência, a da Igreja católica romana. Um ponto importante é que essas regras são apenas válidas para os povos da *respublica christiana*, não se aplicando portanto aos pagãos, aos «infiéis», aos «bárbaros», aos «selvagens», aos piratas, etc., os quais nunca podem aspirar a beneficiar delas. De tal

resulta que todas as cruzadas são, *ipso facto,* guerras justas, va-
lendo os mandatos pontificais como títulos para a conquista
territorial das terras pertencentes a povos não-cristãos. A inimizade sem limites é assim arremessada para fora do mundo
europeu. A teoria da guerra justa introduz pois uma concepção discriminatória da guerra: se há guerras justas, há também guerras injustas. Mas divide também a humanidade em
duas: contra os «infiéis» e os «bárbaros», tudo é permitido.

Carl Schmitt, no seu ensaio de 1938 sobre «a viragem em direcção ao conceito discriminatório de guerra»[II],
situa o começo da desagregação do antigo direito das gentes por volta de 1890. Este processo concluir-se-á durante
a Primeira Guerra Mundial, que começa sob formas ainda
tradicionais, mas que desemboca a partir de 1917 numa
guerra de novo tipo. A era da guerra justa moderna inicia-
se com a assinatura do Tratado de Versalhes e pela vontade
das potências aliadas em levar perante a justiça o imperador
Guilherme II, sob a acusação principal de «ultraje supremo
à moral internacional e à santidade dos tratados», pelo facto
de ter começado a guerra. Foi assim abandonado um dos
princípios fundadores do *jus publicum europaeum,* segundo
o qual não existiria sobre a terra potência alguma que tivesse o direito de julgar o soberano (Hobbes: *Non est potestas
super terram quoe comparetur ei).* Doravante, aquele que declara uma guerra pode ser encarado como um culpado, que
é necessário julgar e sancionar, como um criminoso. As consequências revelar-se-ão devastadoras. «Schmitt considera,
escreve Norbert Campagna, (...), que as guerras deixaram de
ser, aparentemente, lutas entre adversários que se reconhecem os mesmos direitos e o mesmo estatuto, tendendo cada
vez mais a tornar-se acções policiais, opondo os polícias da
ordem internacional ao Estado julgado agressor. A guerra
torna-se assim uma espécie de luta entre as forças do bem e

as forças do mal, entre aqueles que se arrogam o direito de julgar e aqueles que devem ser postos no banco dos réus»[12].

A guerra justa dos tempos modernos é uma noção militar ou política? Podemos pensar que ela extravasa largamente as exigências de uma simples luta armada, mas constatamos ao mesmo tempo que implica uma representação do inimigo que vai, também ela, muito para lá da definição propriamente política que Carl Schmitt dá desse termo. A guerra justa é de facto uma noção moral, onde o Mal se apresenta, de imediato, como um absoluto. Da mesma forma, é igualmente antipolítica, naquilo em que procura aniquilar o inimigo, que é o elemento constitutivo do político. A guerra «discriminatória» moderna, dirá Schmitt, equivale a uma regressão do conceito jurídico de *justus hostis* para um conceito de inimigo quase teológico. A apropriação teológica do conceito de guerra e do princípio do reconhecimento (ou do não reconhecimento) conduz com efeito infalivelmente à transformação do inimigo num criminoso ou num fora-da-lei. «A teoria actual da guerra justa, escreve Schmitt, visa (...) discriminar o adversário que leva a cabo uma guerra injusta. A guerra torna-se num crime na acepção penal da palavra. O agressor é declarado criminoso no sentido extremo que tem a palavra em direito penal; é declarado *outlaw*, como o pirata»[13]

Dizer que o inimigo é um criminoso é uma maneira de lhe negar qualquer pretensão política, logo de o desqualificar politicamente. Não podendo o criminoso reivindicar uma opinião ou uma ideia, cuja veracidade pudesse vir a ser necessário avaliar; ele é um ser intrinsecamente nocivo. Quando se combate em nome daquilo que é um valor absoluto, o que combatemos é absolutamente destituído de valor: é declarado não-valor absoluto. A criminalização do inimigo trás pois consigo o apagamento das limitações (*Hegungen*) acarretadas à guerra pelo direito público europeu. «A introdução (ou a reintrodução) duma perspectiva moral no direito, escreve Jean-François Kervégan, supõe o recurso a um novo conceito de inimigo, o de *inimigo total*, culminando na transformação da guerra "limitada", a guerra clássica entre potências soberanas juridicamente iguais, em guerra *total*»[14]. De facto, com a diabolização do adversário, o aniquilamento do inimigo identificado como Mal absoluto torna-se, mesmo para lá das condições necessárias à vitória, num imperativo moral. É o que constata Carl Schmitt quando escreve: «as guerras desse tipo distinguem-se fatalmente pela sua violência e pela sua inumanidade já que, transcendendo o político, necessário é que desacreditem, também, o inimigo nas categorias morais e noutras fazendo dele um monstro inumano, que não basta repelir, mas que deve ser definitivamente aniquilado»[15].

A guerra justa dos tempos modernos adquire assim, simultaneamente, um duplo carácter, o de uma guerra eminentemente moral e o de uma operação de polícia destinada a castigar um inimigo discernido doravante como um criminoso. Esta evolução atingirá o seu apogeu com a desqualificação radical (provisória) de todo o empreendimento guerreiro que não seja defensivo, sendo a guerra de agressão, declarada unilateralmente, assimilada a um crime penal.

A ideia da supressão definitiva da guerra remonta pelo menos a Erasmo, que afirma na *Querela pacis* que «não há paz, mesmo injusta, que não seja preferível à mais justa das guerras». A partir da segunda metade do século XVIII, espalha-se a ideia de que é possível à humanidade encaminhar-se, progressivamente, em direcção ao que o abade de Saint-Pierre e Immanuel Kant chamam «paz perpétua». No século seguinte, esta convicção instala-se em meios muito diferentes, mas todos igualmente herdeiros da filosofia das Luzes. Os liberais pensam então que o «doce comércio» aproximará progressivamente as nações, enquanto que os socialistas imaginam que a sociedade futura verá a abolição de todas as causas de conflito, uns e outros comungando numa mesma visão ecuménica e optimista do «progresso». As suas esperanças serão varridas pela história do século XX, sem que no entanto a ilusão pacifista desapareça completamente.

Após a Primeira Guerra Mundial, vemos com efeito persistir uma corrente que continua a militar pela supressão e pela criminalização da guerra. É o falhanço patente desta posição, mas também a persistência do ideal de uma sociedade onde a guerra desapareceria para sempre, que conduzem hoje ao reaparecimento da noção de guerra justa, à legitimação da guerra por uma doutrina moral identificada com a ideologia dos direitos do homem, tornando novamente possível a guerra de aniquilamento, tanto mais que o desenvolvimento da técnica permite, doravante, o aperfeiçoamento de armas de destruição de uma amplitude jamais vista. Já não se trata da guerra justa no sentido medieval, que conhecia ainda algumas limitações, mas da guerra justa conduzida em nome da «humanidade», da «liberdade» e do «direito». Já com o pacto Briand-Kellog de 1928, não era tanto a guerra, enquanto tal, que se condenava mas o direito das nações e dos Estados em levá-la a cabo. As guerras nacionais foram assim decretadas injustas, enquanto a guerra internacional, a guerra levada a cabo em nome da humanidade, se tornava em simultâneo na nova guerra justa. O perigo desta evolução, «é que ela (...) impõe à política o engodo mortal de uma paz perpétua que tem todas as condições de se transformar em guerra perpétua»[16]. Ela resume-se numa fórmula: «Perpetual war for perpetual peace».

É convicção de Carl Schmitt que «o mundo político não é um *universum*, mas um *pluriversum*»[17]. A razão disto deve-se ao facto da humanidade ser, quer uma categoria biológica, quer uma categoria moral; não um conceito político.

Schmitt cita aqui a célebre frase de Proudhon: «Quem diz humanidade quer enganar». «Quando um Estado combate o seu inimigo político em nome da humanidade, explica ele, não é uma guerra da humanidade, mas antes uma na qual, um dado Estado, afrontando o adversário, procura açambarcar um conceito universal para com ele se identificar a expensas do seu adversário»[18]. «O conceito de humanidade, acrescenta, é um instrumento ideológico particularmente útil às expansões imperialistas». A noção de inimigo da humanidade é efectivamente uma contradição nos termos dado que, por definição, a humanidade não pode ter inimigos entre os humanos. É por causa disso que as guerras em nome da humanidade resultam indubitavelmente na negação da qualidade de ser humano ao inimigo: bater-se em nome da humanidade leva necessariamente a pôr os seus inimigos fora da humanidade. Ora, contra aquele que foi posto fora da humanidade, tudo se torna permitido. Desde logo, o inimigo desta não é mais um simples adversário do momento, que poderia de igual forma transformar-se amanhã em aliado, mas uma figura do Mal, um «inimigo do género humano», um criminoso a punir, podendo ser empregues todos os meios que permitam subjugá-lo[19].

Em França, a 7 de Agosto de 1793, o *convencional*[a] Garnier de Saintes tinha já proposto à Convenção que o estadista inglês William Pitt fosse declarado «inimigo do género humano», a fim de que toda a gente tivesse o direito de o assassinar. Combater em nome da humanidade significa, de facto, colocarmo-nos em posição de decretar quem é humano e quem não o é. Tal é o paradoxo: todo o discurso que pretende apagar as fronteiras entre os homens para estender a noção de «nós» à totalidade da espécie humana resulta na

---

[a] NDT: Membro da Convenção Nacional em França (1792-1795).

recriação, no próprio seio da humanidade, de uma linha de fractura e de exclusão mais radical do que as outras. «Com efeito não é senão com o homem entendido como humanidade absoluta que surge o inverso desse mesmo conceito, o seu novo inimigo específico, o homem inumano (Unmensch)», escreve Schmitt[20]. A guerra em nome da moral é pois o exemplo acabado da guerra mais inumana. O universalismo abstracto faz dos adversários inimigos absolutos e transforma as guerras «humanitárias» em guerras de extermínio.

A exemplo da França revolucionária, os Estados Unidos não cessaram de proclamar que as causas que defendiam eram conformes aos interesses da humanidade. A bandeira dos Estados Unidos, dizia já Woodrow Wilson, «não é somente a bandeira da América, mas a da humanidade»[21]. «Estamos em vias de nos tornarmos rapidamente numa nação de cruzados humanitários», observava Irving Babbitt em 1924[22]. «O ideal da América é a esperança da humanidade», afirmaria ainda George W. Bush num discurso pronunciado em 11 de Setembro de 2002, um ano depois dos atentados de Nova Iorque e de Washington.

Em vez de «humanidade», Schmitt poderia, com igual acerto, ter falado de «liberdade». No decurso da história, a liberdade foi, também ela, constantemente alegada pelos Estados Unidos para justificar as suas empresas de conquista ou de anexação. Foi através do conceito de «império da liberdade», teorizado por Jefferson, que justificaram as suas primeiras conquistas territoriais em detrimento da Espanha (em Cuba) e do México (no Texas). Foi também em nome da «liberdade» que intervieram no Vietname. Foi ainda em seu nome que fizeram a guerra no Iraque, mergulhando assim esse país na guerra civil e no caos. No seu discurso sobre o Estado da União de 28 de Janeiro de 2003, George W.

Bush dirá: «A liberdade que louvamos não é uma dádiva da América ao mundo; é uma dádiva de Deus à humanidade».

Não é indiferente, deste ponto de vista, que a época em que se proclamou com maior vigor os direitos do homem fosse também aquela onde as guerras se revelaram, concretamente, mais desumanas. Esta constatação, segundo Carl Schmitt, nada tem de paradoxal, dado que quando nos batemos em nome da humanidade julgamos ter boas razões para ver os nossos inimigos como inumanos (Unmenschen). O humanismo proclamado resulta na desumanização de facto. A guerra levada a cabo contra o Kosovo em nome dos «direitos do homem» traduziu-se por uma violação sistemática dos direitos dos Sérvios, conjuntamente com um bom número de «danos colaterais». A guerra conduzida contra o Iraque em nome da «liberdade» saldou-se por aquilo que o general Tommy Franks qualificou como *catastrophic success*. Outra razão aduzida, não pode haver direitos fundamentais intemporais, uma vez que aquilo que é fundamental é sempre determinado por uma dada época ou cultura[23].

A guerra total não marca somente um retorno ao «estado natural» tal como o imaginava Hobbes. As guerras onde o inimigo é considerado como um criminoso ou um fora-da-lei traem por isso o seu carácter teológico ou religioso. Como as cruzadas, as guerras de religião ou as guerras levadas a cabo contra os heréticos ou os pagãos, são guerras sem limites, guerras a todo o transe, porque se ordenam segundo categorias morais entre as quais não pode haver reconciliação. «É óbvio, assinala Norbert Campagna, que o mal não poderia ser "igual em direito" ao bem: as forças que combatem pelo bem arrogam-se todos os direitos, as forças que se dispuseram do lado do mal vêem-se, por seu lado, privadas de todos os direitos, uma vez que é inconcebível conceder o mínimo direito às forças do mal (...) Os "bons" podem lançar as suas bombas sobre as populações civis, os "maus" não têm o direito de o fazer (...) Se a causa de uma guerra é justa, por pouco cuidado que se tenha em fazê-la de acordo com as regras, todos os actos de hostilidade que aí se cometam são justos por eles mesmos»[24]. A luta em nome do Bem autoriza, não somente a ingerência nos assuntos internos de um Estado soberano (em nome da humanidade, da liberdade, da democracia ou dos direitos do homem), mas também a restrição das liberdades, a abertura de campos que permitam o internamento de prisioneiros sem nenhum estatuto jurídico, o bombardeamento de populações civis, a destruição de infra-estruturas industriais, o recurso à tortura, o uso do napalm ou do fósforo branco, de projécteis de urânio empobrecido, de bombas de fragmentação, de minas anti-pessoal, etc. Num debate público organizado na CBS em 1996, a antiga secretária de Estado Madeleine Albright viu-se interrogada por Leslie Stahl acerca da necessidade que teria havido em se efectuar um bloqueio contra o Iraque conduzindo à morte de 500.000 crianças iraquianas («Afirmou-se que mais de meio milhão de crianças morreram no Iraque. São mais crianças do que aquelas que morreram em Hiroshima. Justificava-se um tal preço?»). A sua resposta foi inequívoca: «Essa foi uma escolha muito difícil, mas nós pensamos que, sim, o preço justificava-se»[25].

As consequências da assimilação de um inimigo a um culpado, a um criminoso que é necessário castigar, são pois consideráveis. «Tal leva, escreve Jean-François Kervégan, a transformar o direito internacional em anexo do direito penal, e a guerra em acção de polícia destinada a reprimir o culpado»[26]. Sendo tradicionalmente a repressão dos crimes e delitos da alçada das forças policiais, o poder militar toma então, pouco a pouco, o carácter de uma força policial. Em 1904, Theodore Roosevelt declara que os Estados poderiam

38

muito bem ver-se forçados no futuro a «exercer um poder de polícia internacional». Entre as duas guerras, à época do pacto Briand-Kellog (1928) a «proscrição da guerra» levará os beligerantes, para não verem as suas iniciativas criminalizadas, a redefinir as suas intervenções similarmente como acções de polícia internacional.

Apaga-se simultaneamente a fronteira entre política interna e política externa, até mesmo entre guerra externa e guerra civil. Como observa Claude Polin, «As novas guerras são, e não podem deixar de ser senão, universais (mundiais), impiedosas (sem quartel), sem limite (totais) e sem regra (são guerras civis internacionais)»[27]. A guerra justa, sublinha Carl Schmitt em bastantes ocasiões, leva inevitavelmente à guerra civil pelo simples facto de poder ser levada a cabo sem consideração pelas formas do *jus in bello*. De entre as regras da «guerra regular», a distinção feita entre civil e militar, ou entre combatente e não-combatente, era com efeito essencial. Esta distinção apaga-se automaticamente nas guerras justas dos tempos modernos, onde se tende a considerar que toda a população inimiga é culpada. O recurso aos bombardeamentos aéreos indiscriminados, com o seu poder de destruição e o carácter ao mesmo tempo anónimo e «insensível» do acto de bombardear, é uma das consequências lógicas desta evolução.

Assistimos por outro lado hoje em dia à proliferação de actores não estatizados (organizações não-governamentais, fundações privadas, multinacionais, grupos financeiros, grupos de pressão, etc.) em todos os domínios da vida internacional. Esta evolução trás consigo, também ela, uma redefinição das relações entre o público e o privado, o civil e o militar. Enquanto os militares se tornam cada vez mais em «técnicos» ou em «civis de uniforme», assistimos a uma privatização acelerada de tudo aquilo que tem relação com a segurança (ou com a prevenção da insegurança). A privatização da guerra não resulta somente do facto dos beligerantes serem, em muitos teatros de operações, civis que pegaram em armas, ou de certas organizações criminosas terem, a dada altura, recorrido a verdadeiros exércitos privados, como é o caso dos narcotraficantes. Um outro facto notável é a reaparição de exércitos privados de mercenários, nomeadamente nos Estados Unidos onde, na ausência de conscrição, os efectivos do exército regular são relativamente reduzidos em relação à população total.

As companhias militares privadas (*private military companies* ou PMC), independentes ou não do complexo militar-industrial, ocupam hoje em dia um lugar crescente na arquitectura militar e de segurança nacional americana, visto que a sua utilização permite atenuar as reticências do Congresso em enviar tropas clássicas para o terreno. O volume de negócio dessas sociedades, por vezes cotadas em Bolsa, está em constante alta. As mais conhecidas são DynCorp Inc., Military Professional Resources Inc. (MPRI), Kellog Brown & Rott (KBR), Blackwater Security Consulting, Erinys, Sandline, Titan, Caci international. Etc. A KBR, que pertence à multinacional Halliburton, onde diversos membros do governo Bush detêm interesses pessoais, assinou em 13 de Junho de 2003 com o Pentágono um contrato no valor de 200 milhões de dólares. A sociedade de segurança Blackwater formou, apenas ela, cerca de 50.000 mercenários em todo o mundo. Estas sociedades privadas, que estão sempre à procura de novos mercados em matéria de defesa e de segurança, foram o pivô da reorganização do dispositivo de combate do poderio americano no Golfo Pérsico. Estão hoje especialmente activas no Iraque, onde cerca de 20.000 mercenários dão apoio logístico às forças clássicas, sem preocupação excessiva acerca da escolha dos meios (e

sem que os seus mortos sejam contabilizados nas perdas so-
fridas pelo exército americano). Estes combatentes auxiliares, cujo salário pode chegar aos 1.000 dólares por dia, não
estão submetidos a quaisquer regras, convenção ou restrição
das suas acções. O seu estatuto é eminentemente paradoxal
uma vez que, embora legalmente engajados pelos Estados
Unidos, eles são tidos   pelo direito internacional como combatentes ilegais[28]. «As companhias militares privadas, cujos
serviços são pagos pelo Pentágono, a um custo por vezes
excessivamente elevado, escreve Sami Makki, tornaram-se
essenciais a uma nova estratégia intervencionista que assenta sobre a capacidade de projecção rápida das forças sobre
todos os pontos do planeta»[29]. O «mercado» do mercenário
é hoje em dia estimado em 100 milhões de dólares por ano[30].
Paralelamente, mas em sentido inverso, constata-se uma militarização do humanitário, uma vez que a ajuda ao desenvolvimento e a ajuda humanitária se tornaram, por si só, em
instrumentos auxiliares da luta contra as ameaças assimétricas, e simultaneamente em multiplicadores de influência
sobre o panorama internacional.

O apagamento das fronteiras entre as categorias
clássicas da beligerância culmina finalmente numa amálgama confusa das próprias noções de guerra e de paz. Com
efeito, quando o inimigo é erigido em figura do Mal, deixa
de ser possível fazer a paz com ele, uma vez que fazer a paz
levaria a negociar, a transigir com o Mal. No antigo direito
das gentes a derrota era considerada como uma «punição»
suficiente. Agora, é necessário acusar perante os tribunais
aqueles que se estigmatiza como «responsáveis» pela guerra. A prossecução indefinida da guerra, inclusive em tempos
de paz, torna-se então num imperativo moral. Carl Schmitt
tinha acertadamente visto que o tratado de Versalhes e o
pacto Briand-Kellog criavam um estado intermédio entre a

guerra e a paz, no qual a paz se tornava uma espécie de prossecução da guerra por outros meios[31]. Desde então esta situação não parou de se desenvolver resultando numa quase indistinção. A «guerra justa» dos tempos modernos já não se conclui com um tratado de paz em boa e devida forma, mas perdura, *na paz*, sob outras formas. Uma vez as armas silenciadas, os culpados devem ainda ser punidos, enquanto que as populações devem, eventualmente, ser «reeducadas». As guerras já não têm fim: tornam-se intermináveis, visto que se torna cada vez mais difícil pôr-lhes um fim porquanto prosseguem na paz. «Guerra fria» ou «paz quente»: a beligerância torna-se, sob diversas formas, um estado permanente. Trata-se simultaneamente do apagamento da fronteira entre a excepção (que é a guerra) e a norma (que é normalmente a paz). Enfim, sendo dado adquirido que, segundo Carl Schmitt, a política implica o reconhecimento do inimigo, assistimos também a uma completa inversão da fórmula de Clausewitz sobre a guerra como continuação da política por outros meios: a guerra torna-se «a destruição da política por todos os meios»[32].

Esta amálgama da fronteira entre a guerra e a paz é muito mais danosa para a noção de paz que para a noção de guerra. Em primeiro lugar porque a primeira não tem a mesma polissemia que a segunda (há quase somente uma forma de paz, enquanto que há numerosas formas de guerra). Seguidamente porque se faz a guerra para obter a paz e não a paz visando a guerra, sendo que a finalidade deve sempre ser mais claramente definida do que os meios para a atingir.

Não há dúvida que a crítica que Carl Schmitt faz da «guerra justa» dos tempos modernos diz primacialmente respeito aos estados Unidos da América, uma vez que a imensa maioria das guerras levadas a cabo por esse país não foram guerras reguladas, «guerras-duelos», mas guerras

conduzidas contra inimigos tratados como criminosos e per-
seguidos até à sua capitulação total. Sabemos que para Carl
Schmitt «todos os conceitos seminais da doutrina moderna
do Estado resultam da secularização de antigas noções teoló-
gicas» («*Alle prägnanten Begriffe der modernen Staatslehre sind
säkularisierte theologische Begriffe*»). De um certo ponto de vista, a «teologia política» está ainda mais presente nos Estados
Unidos, na medida em que o lugar de primeiro plano que aí
ocupa uma religião civil omnipresente explica largamente o
carácter messiânico da política estrangeira americana, carácter que transcende a clivagem entre republicanos e democra-
tas (ou mesmo entre intervencionistas e isolacionistas).

Hermann Melville, no século XIX, afirmava no seu
romance *La vareuse blanche* (*White-Jacket*): «Nós, americanos, somos de certa maneira o povo eleito, privilegiado, o
Israel dos nossos tempos. Carregamos a Arca das liberdades
do mundo (...) Deus concedeu-nos, em feição de herança futura, os vastos domínios dos pagãos políticos (...) o resto do
mundo seguirá bem depressa na nossa esteira». Invocada
nos Estados Unidos durante toda a segunda metade deste mesmo século XIX, a doutrina do «Destino manifesto»
(Manifest Destiny), enunciada em 1845 por Sean O'Sullivan
, realiza a fusão do imperialismo e da eleição divina, dando simultaneamente uma legitimidade religiosa e moral à
conquista política, cultural e comercial[33]. O senador Albert
J. Beveridge dirá: «Deus não preparou desde há mil anos os
povos de língua inglesa para uma vã e fútil admiração e auto-
admiração. Não! Ele fez de nós amos organizadores do mundo para estabelecer um sistema lá onde reine o caos»[34]. Esta
maneira de ver, que remonta aos Pilgrim Fathers e ao mito
da «Cidade sobre a colina», nunca se extinguiu. Poderíamos
citar inumeráveis exemplos. Nova Terra prometida, os
Estados Unidos crêem que os seus valores são universais

43

e, considerando-se como investidos de uma missão divina, procuram com toda a boa consciência impô-los ao resto do mundo[35]. Para mais, não declarava Ronald Reagan em 1980: «podemos nós duvidar que somente uma divina Providência fez desta terra uma ilha de liberdade?» Bill Clinton afirmava, por sua vez, aquando do discurso de inauguração do seu segundo mandato, que «a América se tornou na única nação indispensável».

Por influência dos acontecimentos do 11 de Setembro de 2001, a colusão entre os neoconservadores e as Igrejas protestantes de filiação evangélica acentuou-se de forma reveladora. A visão messiânica, herdada do puritanismo e da doutrina calvinista da predestinação, que durante longo tempo cimentou o consenso da sociedade americana, conheceu um novo florescimento. O mito da América «nação eleita» encarregue de impor o Bem por todo o lado no mundo e contra a qual as forças do Mal não conseguiriam prevalecer, uma vez que a Providência presidiu à sua nascença, foi reactivado, como na época do Grande Despertar (Great Awakening) dos anos 1730-60, com uma força raramente vista, não somente no domínio político ou diplomático, mas também geopolítico. «O nosso nacionalismo, escrevem William Kristol e David Brooks, é o de uma nação excepcional fundada sobre um princípio universal, sobre aquilo a que Lincoln chamava uma "verdade abstracta, aplicável a todos os homens de todos os tempos"»[36]. Esta visão reconforta-se com a certeza de ser portadora daquilo que de melhor existe em matéria política e social: «Os Americanos não devem negar que, de todas as nações do mundo, é a sua que é a mais justa (...) e o melhor modelo para o futuro»[37]. «Se os Estados Unidos representam um povo eleito por Deus, observa Kenneth M. Coleman, então é quase impossível de conceber uma situação na qual os interesses da humanidade não sejam altamente similares aos dos Estados Unidos»[38]. «Há um sistema de valores dos quais não podemos abdicar, valores esses dos quais nos reclamamos. E se estes valores são suficientemente bons para o nosso povo, eles devem também ser suficientemente bons para os outros», lia-se ainda recentemente no *Washington Post*[39]. Poderíamos, ainda aqui, multiplicar as citações. Uma tal atmosfera resulta tendencialmente numa fusão de nacionalismo e de messianismo: «De braço armado do messias cristão, o Tio Sam torna-se, ele próprio, no Messias»[40].

Esta certeza messiânica de encarnar o Bem, esta tendência para estabelecer os princípios americanos como equivalentes a princípios universais, faz da América um «império virtuoso», onde Claes G. Ryn pôde ver, paradoxalmente, a marca de um «novo jacobinismo»[41]. Este «jacobinismo» consiste em querer alinhar todas as sociedades pelo modelo americano, fazendo desaparecer todas as culturas políticas diferenciadas em proveito de uma «democracia de mercado» (*market democracy*) planetária. John Gray crê subsequentemente que a política externa americana se funda sobre a convicção ideológica que o «Estado de mercado», é o único modo de governo legítimo, muito embora este seja apenas uma construção especificamente americana[42]. De facto, sublinhámos frequentemente a maneira como um grande número de Americanos têm tendência a confundir os Estados Unidos com o mundo, um mundo que é considerado como não podendo tornar-se compreensível senão após ter sido convenientemente americanizado. Historicamente, o universalismo sempre favoreceu o expansionismo e o colonialismo. As conquistas coloniais foram oficialmente motivadas pelo desejo de expandir pelo mundo os princípios da «civilização» e do «progresso», um e outro identificados com uma cultura particular caracterizando-se a ela própria como «universal». Os valores ou as aspirações próprias de uma

45

potência em particular encontravam-se assim identificados com as leis morais que se supunha governarem o universo: um interesse nacional particular era universalizado até se tornar, teoricamente, no interesse de toda a humanidade. Deste ponto de vista resulta que os colonizados o são para seu bem, e que o interesse dos dominados está precisamente em sê-lo. Numa tal perspectiva, toda a recusa de adoptar um modelo apresentado como o melhor possível, é naturalmente interpretada como uma manifestação de tontice ou de hostilidade perversa. Interpretação intrinsecamente polemóloga[b]: «A ideologia do império virtuoso implica, não somente a dominação mundial da América, mas a remodelação do mundo à sua imagem, escreve Ryn, é uma receita para o conflito e para a guerra perpétua»[43].

Na própria medida em que se sentem ameaçados por tudo o que difere deles, os Estados Unidos aspiram no fundo a um mundo sem inimigos, sem ameaças, o que equivale inevitavelmente a um mundo homogéneo. Pensam que não estarão verdadeiramente em segurança senão quando tudo o que é arraigadamente diferente tiver sido eliminado, quer isto dizer assim que o mundo inteiro tiver sido americanizado. O seu unilateralismo, mais ainda que o seu intervencionismo, não se explica de outra forma.

---

[b]NDT – A Polemologia é o estudo científico das guerras e seus efeitos, formas, causas e funções enquanto fenómeno social. O termo foi proposto em 1946 pelo sociólogo e economista francês Gaston Bouthoul (1896-1980) no seu livro *Cent millions de morts*, tendo sido abraçado por múltiplas áreas das ciências militares, das ciências políticas e do estudo das relações internacionais. A aceitação da polemologia como um ramo de estudo no campo das ciências políticas pressupõe o abandono da aceitação da guerra como um fenómeno exclusivamente consciente e voluntário, bem como da noção de que os conflitos bélicos possam ser evitados utilizando mecanismos jurídicos de regulação das relações entre povos e Estados.

Desde logo, aquando da assinatura do pacto Briand-Kellog, os Estados Unidos (que tinham recusado aderir à Sociedade das Nações) tinham feito saber que se reservavam o direito de serem os únicos juízes daquilo que constituía uma guerra de agressão ou daquilo que justificava o reconhecimento ou o não-reconhecimento de um Estado. Muito mais recentemente, em Abril de 2001, retiraram-se da comissão dos direitos do homem da ONU. Em Novembro de 2001, confirmaram a sua recusa em ratificar a convenção internacional, já assinada e ratificada por 144 países, que interdita o fabrico, a aquisição e o armazenamento de armas biológicas, por não aceitarem a inspecção ou o controlo dos seus laboratórios e dos seus arsenais. Alguns dias mais tarde, denunciavam unilateralmente o tratado ABM de 1972 que limita o desdobramento da defesa antimísseis. Recusaram também assinar o tratado que proscreve as minas anti-pessoais, assinado em Fevereiro de 2001 por 123 países, bem como o tratado de Quioto sobre a protecção do meio ambiente e o aquecimento da atmosfera. Em Maio de 2001, recusaram toda a discussão com os seus parceiros europeus sobre a rede de espionagem e escuta «Echelon». Opõem-se ainda ao mundo inteiro sobre a prod s geticamente modificados (OGM) e de carne enriquecida com hormonas. São igualmente o único país ocidental que nunca ratificou a convenção sobre a eliminação de todas as formas de discriminação contra as mulheres adoptada em 1979 pelas Nações Unidas, nem a convenção de 1989 sobre os direitos da criança. Fizeram saber que não reconhecem, naquilo que concerne aos seus expatriados, a autoridade do Tribunal Penal Internacional (TPI) de Haia, cuja cr iação não obstante financiaram. Enfim, como se sabe, foi sem o aval da ONU, e em oposição à vasta maioria dos países da comunidade internacional, que decidiram atacar, invadir e ocupar o Iraque.

Em todos os dossiers, singularmente depois da chegada ao poder de George W. Bush, os Estados Unidos parecem pois decididos a subtrair-se às normas internacionais e a isentarem-se a eles próprios das regras que entendem aplicar, ou fazer aplicar aos outros. Posicionam-se assim como um *país de excepção*, como um país que, pela sua própria natureza, teria a liberdade de não estar adstrito a nenhuma das regras de direito que pretende, por outro, lado ver observadas pelos outros. Numa tal óptica, não podem senão rejeitar como constrangedoras, obsoletas ou sem razão de ser (*irrelevant*) as regras que, no melhor dos casos, não obstante, não admitem que lhes sejam aplicadas. É por isso que adoptam cada vez mais frequentemente uma atitude estritamente unilateral. Não há dúvida que aos seus olhos, é ao resto do mundo que cabe adaptar-se.

Enquanto que, como acabamos de ver, consideram que os seus expatriados não podem ser julgados por nenhuma instância penal internacional, os Estados Unidos afirmam ao mesmo tempo que os cidadãos de outros países são, por sua vez, justiçáveis pelas suas próprias leis[44]. Transformam assim o direito penal num meio da sua soberania. «Como todo o Estado nacional, constata Jean-Claude Paye, os Estados Unidos instauram um duplo sistema jurídico, um Estado de direito para os nacionais e um Estado vazio de direito para os estrangeiros. Classicamente, para as outras nações, a distinção entre estas duas ordens jurídicas articula-se sobre a fronteira. Contudo, para o Estado americano, a fronteira não é um dado geográfico. O primado da nacionalidade americana e a organização das duas ordens jurídicas não operam sobre um território determinado mas sobre o mundo inteiro. Trata-se, não só de permitir que os expatriados americanos escapem aos tribunais internacionais, quer isto dizer às jurisdições comuns, mas também de fazer reconhecer, pelos outros Estados, o direito das autoridades americanas em julgar os expatriados desses países por jurisdições de excepção, especialmente criadas para esse efeito»[45].

Como vimos, os Estados Unidos não hesitam em designar o inimigo, o que parece incontestavelmente muito schmittiano. Fazem-no mesmo com uma resolução e com uma energia que contrastam com a moleza e a indecisão de que fazem, tão frequentemente, prova os Europeus. Mas esta designação do inimigo não corresponde de forma alguma aos critérios enunciados por Carl Schmitt. Não somente não representa para eles o gesto político por excelência, um gesto que, como tal, não poderia corresponder a outros critérios de apreciação que não políticos, mas toma uma dimensão imediatamente maniqueísta e moral. O inimigo da América não é um adversário de circunstância, que poderia ocasionalmente transformar-se em aliado. Confunde-se com o mal.

No seu discurso de 3 de Agosto de 1983, Ronald Reagan tinha já designado a URSS e os países do bloco de Leste como o «império do mal» (*evil empire*). A partir daí, o sistema soviético cedeu o lugar ao «terrorismo mundial» e aos «Estados párias» (*rogue States*), segundo a expressão cunhada em 1994 por Madeleine Albright, mas o inimigo continua a ser denunciado nos mesmos termos. Em consequência dos atentados do 11 de Setembro, George W. Bush optou, de imediato, por apresentar a guerra contra o terrorismo como uma «luta entre o Bem e o Mal» («O Bem e o Mal raramente se manifestaram de forma tão clara»). Pediu ao resto do mundo para se solidarizar com a sua «cruzada» («Juntem-se à nossa cruzada ou então encarem a perspectiva certa da morte e da destruição»). Evocando os atentados de Nova Iorque e de Washington, declarou: «Hoje, a nossa nação viu o Diabo». A 29 de Janeiro de 2002, o presidente americano empregaria também a expressão, forjada por David Frum, de «eixo do mal» (*axis of evil*), que será vastamente reutilizada daí em diante. Nesta visão, o mundo partilha-se entre aqueles que militam pelo Bem e aqueles que se lhe opõem, ou que são cúmplices do Mal. Não há terceiros, não há posição de neutralidade possível. «Ou estão connosco, ou estão com os terroristas», afirmará ainda George W. Bush perante o Congresso a 20 de Setembro de 2002.[46]

O que é notável, é que o sistema maniqueísta que concebe o mundo como um campo de batalha irremediavelmente dividido em dois campos, o do Bem e o do Mal, encontra-se igualmente, hoje em dia, tanto no discurso de Osama Bin Laden quanto no de Bush, e sem dúvida, nos dois casos, com a mesma boa consciência. Bin Laden apela à «*jihad*» contra o «grande Satã», George W. Bush à «cruzada» contra o «eixo do Mal». O paralelismo é flagrante. À primeira vista, tanto o presidente americano como o líder terrorista aderem à ideia de que o mundo e a política só podem ser compreendidos em termos de amigos e de inimigos[47]. Mas ainda aí, enganar-nos-íamos em concluir por uma qualquer influência do pensamento de Carl Schmitt. O modo como um e outro encaram a questão da inimizade não é de forma nenhuma schmittiano, já que a colocam em termos absolutos, eliminando a possibilidade de existência de um *terceiro* que poderia permanecer neutro. Noutros termos, eles não crêem apenas na inevitabilidade de uma dimensão conflitual da vida política, acreditam que essa conflitualidade coloca em disputa apenas dois campos, devendo ser levada ao extremo, o quanto antes. O elemento característico aqui é o elemento religioso, e o facto deste se encontrar num e noutro discurso (cada um dos dois protagonistas negando bem entendido esta pretensão ao outro, uma vez que para Bush, Bin Laden não é mais do que um criminoso, sendo que para Bin Laden, Bush não é mais do que o representante de um mundo materialista decadente, embora seja também um «cruzado»). Jacques Derrida viu bem que a confrontação Bush-Bin Laden põe fundamentalmente em jogo «duas teologias políticas»[48]. Bruno Etienne, especialista no Islão, constatou o mesmo: «A jihad opõe-se à *cruzada*, o Bem ao Mal, Alá ao grande Satã, a *fatwah* afegã à "*fatwah* texana"; em súmula, confrontamo-nos com uma luta fratricida opondo Deus a Deus»[49]. Carlo Galli, excelente conhecedor de Carl Schmitt, fala igualmente de «teologia apocalíptica»[50]. Fundamentalismo islâmico dum lado, fundamentalismo neoconservador do outro.

Com os atentados do 11 de Setembro, os Estados Unidos constataram em todo o caso que eram doravante vulneráveis no seu próprio território. A tomada de consciência desta vulnerabilidade, contrastando com a sua convicção (justificada) de possuir «uma força e uma influência inigualáveis e sem precedente no mundo»[51], levou a uma redefinição dos seus objectivos estratégicos e das suas formas de acção.

A nova estratégia americana foi oficialmente enunciada num relatório publicado em Setembro de 2002. Nele se afirma, desde as primeiras páginas, que os Estados Unidos não mais aceitarão que os seus inimigos possam atacar em primeiro lugar: «Conforme ao senso comum e às regras da autodefesa, a América reagirá contra as ameaças emergentes antes que elas sejam plenamente concretizadas»[52]. A justificação desta nova doutrina apoia-se sobre a noção, iminentemente equívoca, de «ameaça iminente». «Devemos adaptar o conceito de ameaça iminente às capacidades e aos objectivos dos nossos adversários de hoje em dia», podemos igualmente ler nesse documento[53]. Por oposição a toda a estratégia reactiva ou de simples defesa, o ataque preventivo

torna-se então a regra. Já não se trata de esperar que a ameaça se concretize, é preciso preveni-la ou antecipá-la, atacando
em primeiro lugar. É isso, aliás, que já tinha indicado George
W. Bush num discurso pronunciado em Junho de 2002 perante a Academia Militar de West Point.

Estas orientações foram confirmadas pelo relatório
The National Defense Strategy of the United States of America,
publicado pelo departamento americano da Defesa em Março
de 2005, onde se pode ler: «Bateremos os nossos adversários
quando, onde e da maneira que tivermos escolhido, a fim de
criar as condições da nossa segurança futura»[54]. O texto realça que «A América é um país em guerra» e que «os ataques
do 11 de Setembro clarificaram os desafios com os quais nos
confrontamos». Precisa-se que a soberania dos países que
representam uma «ameaça» poderá não ser respeitada[55]. Os
«países problemáticos» (*problem States*) são definidos como
aqueles que são «hostis aos princípios americanos». O documento reafirma o princípio da guerra preventiva contra
as «entidades hostis à liberdade, à democracia e aos outros
interesses americanos»[56]: «Permitir aos nossos adversários
atacar primeiro (...) é inaceitável. Os Estados Unidos devem
fazer face aos desafios mais perigosos de maneira precoce
e a distância segura, sem lhes permitir que se circunstan-
ciem»[57]. O espaço cibernético, enfim, é definido como um
«novo teatro de operações»[58].

O problema é que esta doutrina da «legítima defesa preventiva» contradiz formalmente a Carta das Nações
Unidas, cujo artigo 51 não admite senão legítima defesa em
resposta a um ataque de outro Estado, excluindo pois totalmente o ataque «preventivo», mesmo quando este se fun-
damente na suposta existência de uma «ameaça iminente».
A interdição do recurso à força fora dos casos de legítima
defesa e da acção colectiva, posta em prática a pedido e/ou

sob a égide do Conselho de Segurança, figura igualmente no artigo 2 da Carta da ONU. A razão disto é que a guerra preventiva foi sempre assimilada pelo direito internacional moderno à guerra de agressão.

No domínio dos assuntos internacionais, a implementação desta doutrina traduziu-se pela guerra no Afeganistão, seguida da segunda guerra do Iraque, desencadeada a título «preventivo», violando todas as regras do direito internacional e sem o apoio da ONU. Simultaneamente, os Estados Unidos exerceram as mais fortes pressões sobre os seus aliados para que «também eles» violassem as disposições do direito internacional, ou seja os seus próprios princípios constitucionais, o que, não obstante, a grande maioria se recusou a fazer, em função do princípio «quem não está connosco está contra nós».

Sob George W. Bush, o militar parece assim suplantar definitivamente o político, o diplomático e mesmo o económico como meio de exercer uma influência ou de impor uma hegemonia. Tornando-se um meio de uso permanente, a guerra tende simultaneamente a instituir-se como um fim em si, fazendo desaparecer a necessidade sociopolítica de um tratado de paz. Paralelamente, a potência militar americana torna-se ubíqua, ou seja susceptível de intervir em todo o lado e a todo o momento, tendo em conta a globalização do seu alcance, implicando uma capacidade de projectar o seu poderio em não importa qual ponto do globo graças a uma logística sofisticada das suas capacidades expedicionárias (rede de bases aéreas e navais, militarização do espaço, precisão no rastreamentos dos alvos, stocks modulares pré-posicionados, recurso sistemático à informática, etc.). A doutrina da guerra preventiva, enfim, revela o soberano. Para dizê-lo em termos schmittianos: falar de «Estado pária» (*rogue State*) reporta-se a dizer que é soberano aquele que decide unilateralmente quem é um «pária».

A guerra preventiva foi frequentemente apresentada na América, seja como uma força de legítima defesa por antecipação, seja como uma forma militar do «princípio de precaução». Resume-se de facto a sancionar um «delito» virtual ou suposto antes mesmo de ele ter sido cometido, o que abre a porta a todas as especulações sobre a intenção de o cometer atribuída aos actores «ameaçadores». Uma das noveletas de ficção científica de Philip K. Dick, intitulada *Minority Report* (adaptada com sucesso ao cinema), imagina uma sociedade futura na qual os assassinos poderiam ser detidos antes mesmo de cometer os seus crimes. A estratégia «preventiva» dos Estados Unidos, estratégia de tipo profilático, é uma espécie de extensão desse princípio, e choca com as mesmas aporias que ele, a saber: um assassino ou um terrorista que se prende antes de passar ao acto é com todo o rigor, se não um «inocente», pelo menos alguém que ainda não fez nada, no momento em que se lhe retira a sua liberdade. Esta estratégia traduz-se em colocar fora de combate pessoas que não infringiram a lei, pelo motivo de se estar convencido de que tinham a intenção de a infringir. Desde logo, o problema que se coloca é o da apreciação e da prova: como demonstrar uma intenção? E como responder àqueles que contestam essa apreciação? Como o escreveu Francesco Ragazzi, «a única justificação possível para a intervenção, é o carácter infalível da previsão»[59]. Mas como poderia ela sê-lo? Para justificar a guerra contra o Iraque, alegou-se «armas de destruição massiva» detidas pelo regime de Saddam Hussein, das quais este teria intenção de se servir. Sabe-se hoje em dia que este argumento não era mais que uma mentira de Estado[60].

A adopção pelos Estados Unidos de uma justificação para os ataques preventivos e do ataque em primeiro lugar, ao mesmo tempo que marca uma ruptura manifesta com as regras do direito internacional moderno, parece testemunhar uma vontade de retorno ao modelo da «guerra justa» medieval[61]. «O fim do argumentário da Casa Branca, escreve Francesco Ragazzi, é bem o de fazer passar um acto reconhecido como ilegal desde sempre por aquilo que seria uma das características da "guerra justa"»[62]. Tal é contudo impossível, uma vez que a definição clássica da «guerra justa», em Grotius por exemplo, exclui formalmente o atacar em primeiro e a guerra preventiva, desencadeada pelo medo ou suposição de um ataque[63]. Para os antigos teóricos da guerra justa, a guerra é em simultâneo sempre um mal (inevitável) e um meio (legítimo) de remediar ao mal. A despeito do seu pano de fundo «moral», a guerra justa, como já vimos acima, continua a obedecer a certos princípios e a responder a certas condições. Nem tudo é pois aí permitido: a própria existência do *jus in bello* contradiz o adágio *Inter arma silent leges* («sob as armas, calam-se as leis»), a legítima defesa é, ela própria, definida num sentido muito estrito.

A noção de guerra justa remete por outro lado para a questão de saber estabelecer quem pode declarar que uma guerra é justa ou não o é. Quem *decide* da conformidade à «justiça» na circunstância? Na Idade Média, a decisão cabia geralmente a um terceiro tido como imparcial. Mas George W. Bush repele de chofre a ideia de um terceiro (que poderiam ser as Nações Unidas), tal como repele por inteiro a ideia de neutralidade. A partir do momento em que a tarefa de qualificar a guerra deixa de ser imputada a um terceiro, só a potência dominante é susceptível de validar, como sendo ou não justificada, a ideia de um empreendimento militar, em qualquer dos casos a «guerra justa» não é mais do que aquela levada a cabo pelo mais forte.

Se a doutrina da guerra justa está de volta, hoje em dia, apoiada na ideologia dos direitos do homem,

quer isto dizer na versão moderna do direito natural sub-
jectivo, é pois de uma maneira «selvagem», sem levar em
conta o que fazia, na Idade Média, dizer de uma guerra
que ela era «justa» ou «injusta». É suficiente doravante,
para que uma guerra seja declarada justa (por aqueles que
a fazem), que esta seja conduzida em nome dos grandes
princípios da liberdade, da humanidade ou da democracia, apenas com o inconveniente destes princípios serem
constantemente escarnecidos no decurso das hostilidades.
As outras condições perdem-se de vista. Mais do que às
guerras medievais, este tipo de guerra, com um forte fundamento ideológico e moral, reconduz-nos antes às guerras de extermínio cuja descrição encontramos na Bíblia.
A retórica do «eixo do Mal» oposto às forças do Bem reconduz-nos, desse ponto de vista, à teologia política mais primi-
tiva. Como o escreveu Danilo Zolo, «a nova guerra é "global"
num sentido que se pode dizer *monoteísta*, pela referência
constante aos valores universais por parte das potências (ocidentais) que a promovem: a guerra já não é mais justificada
em nome de interesses ou de objectivos particulares, mas de
um ponto de vista superior e imparcial, por valores que se
supõe serem partilhados por toda a humanidade. O "politeísmo" weberiano das morais e das crenças religiosas é sistematicamente negado pelos teóricos da guerra global. Uma
visão monoteísta do mundo opõe-se, em particular aquela,
bíblica e ardentemente cristã, do actual grupo dirigente dos
Estados Unidos, composto por metodistas, presbíterianos,
episcopalianos e luteranos, ao pluralismo dos valores e à
complexidade do mundo»[64].

   Este procedimento permite aos Estados Unidos
apresentar a sua soberania como inviolável considerando-se
eles próprios, não obstante, como autorizados a intervir à
sua vontade no resto do mundo, e isto correndo o risco de

serem olhados como o factor principal da brutalização crescente das relações internacionais. «O Estado de excepção internacional, escreve ainda Francesco Ragazzi, estaria pois nesta lógica, contido na estratégia americana de suspender as normas internacionais, tendo ao mesmo tempo a pretensão de levar a cabo acções que teriam força de lei (...) trata-se de submeter os outros Estados a um direito internacional remodelado sem que eles próprios a ele se submetam»[65]. Trata-se para os Estados Unidos, acrescenta, de se arrogarem o direito de suspender as regras de direito internacional para lutar contra um inimigo interior, mas interior em relação aos limites vaporosos desenhados pela hegemonia americana, onde o mundo inteiro se torna no conteúdo daquilo que é interior»[66].

A nova estratégia «preventiva» da administração Bush não prolonga de facto nem o velho wilsonismo moral nem o «realismo» dos paladinos do equilíbrio de forças. Decerto vai buscar ao primeiro a sua convicção moral de uma «missão universal» atribuída à nação eleita, e ao segundo a preocupação de uma política orientada para a defesa do «interesse nacional» dos Estados Unidos, mas constitui sobretudo um misto inédito, à base de hegemonia unilateralista, cuja implementação, equivale à reintrodução de maneira selectiva do *jus ad omnia* na política internacional, levando, não à modificação, mas à completa destruição das regras escritas ou não escritas constitutivas do direito internacional[67].

1 «The Neoconservative Persuasion», in *The Weekly Standard*, 25 de Agosto de 2003.
2 *La notion de politique*, op. cit., p. 197. Cf. também Carl Schmitt, «Clausewitz als politischer Denker. Bemerkungen und Hinweise», in *Der Staat*, Berlim, VI, 1967, 4, pp.

479-502.

3 Ibid., p. 72.

4 Cf. Mika Ojakangas, *A Philosophy of Concrete Life. Carl Schmitt and the Political Thought of Late Modernity*, SoPhi, Uvaskula 2004, pp. 71-72.

5 *Théorie du partisan, in La notion de politique – Théorie du partisan*, Calmann-Lévy, Paris 1972, 2e ed.: Flammarion, Paris 1992, p. 212.

6 Ibid., p. 258.

7 *Le droit, la politique et la guerre. Deux chapitres sur la doctrine de Carl Schmitt*, Presses de l'Université Laval, Quebeque 2004, p. 12.

8 *Le Nomos de la Terre*, Presses universitaires de France, Paris 2001, p. 101.

9 Cf. D.J. Bederman, *International Law in Antiquity*, Cambridge University Press, Cambridge 2001; Danilo Zolo, «Una "guerra globale" monoteistica», in *Iride*, 2003, 2, pp. 223-240 (reeditado in *Trasgressioni*, Florença, 42, Janeiro-Abril 2006, pp. 17-33).

10 Cf. Yves Leroy de la Brière, *Le droit de juste guerre. Tradition théologique et adaptations contemporaines*, Pedone, Paris 1938; Frederick H. Russell, *The Just War in the Middle Ages*, Cambridge University Press, Cambridge 1975; J.T. Johnson, *Just War Tradition and the Restraint of War*, Princeton University Press, Princeton 1981; William Vincent O'Brien, *The Conduct of Just and Limited War*, Praeger, Nova Iorque 1981; Jean Bethke Elshtain (ed.), *Just War Theory*, Basil Blackwell, Oxford 1991; United States Military Academy (ed.), *Just War Reader*, Thomson Learning, Stan ford2004; Jean-Philippe Schreiber (éd.), *Théologies de la guerre*, Editions de l'Université de Bruxelles, Bruxelas 2006.

11 *Die Wendung zum diskriminierenden Kriegsbegriff*, Duncker u. Hum-blot, Munique-Leipzig 1938 (texto reeditado in Carl Schmitt, *Frieden oder Pazifismus? Arbeiten zum Völkerrecht und zur Internationalen Politik 19241978*, ed. por Günter Maschke, Duncker u. Humblot, Berlim 2005, pp. 518-597).

12 Op. cit, p. 99.

13 *Le Nomos de la Terre*, op. cit., p. 122.

14 «Carl Schmitt et "l'unité du monde"», in *Les Etudes philosophiques*, Paris, Janeiro de 2004, pp. 11-12.

15 *La notion de politique*, op. cit., p. 75. «Numa guerra teológica, comenta Norbert Campagna, eu quero pôr fim à existência do outro, numa guerra política, pelo contrário, não se trata senão de pôr fim ao risco constituído pelo outro. No primeiro caso, o outro é a encarnação do mal, enquanto que no segundo, ele não é senão um risco que eu devo afrontar e com o qual terei que medir forças» (op. cit., p. 129).

16 Etienne Balibar, «Prolégomènes à la souveraineté: la frontière, l'État, le peuple», in *Les Temps modernes*, Paris, Novembro de 2000, p. 55. Cf. também Günter Maschke, «La décomposition du droit international», entrevista publicada in *Krisis*, Paris, Fevereiro de 2005, pp. 43-66.

17 *La notion de politique*, op. cit., p. 95.

18 Ibid., p. 96.

19 Cf. Danilo Zolo, *Chi dice umanità. Guerra, diritto e ordine globale*, Einaudi, Turim 2000 (trad. ingl.: *Invoking Humanity. War, Law and Global Order*, Continuum, Londres 2002); *La giustizia dei vincitori. Da Norimberga a Baghdad*, Laterza, Roma-Bari 2006.

20 *Le Nomos de la Terre*, op. cit., p. 104.

21 Thanksgiving Proclamation, 7 de Novembro de 1917, citado in Arthur S. Link et al. (ed.), *The Papers of Woodrow Wilson*, Princeton University Press, Princeton 1966-93.

22 *Democracy and Leadership* (1924), Liberty Fund, Indianapolis 1979, p. 337.

23 Cf. sobre este ponto Norberto Bobbio, *Il problema della guerra e le vie della pace*, Bolonha 1970, pp. 119-157. Sobre a utilização política da retórica dos direitos do homem, em relação com o pensamento de Carl Schmitt, cf. também William Rasch, «Human Rights as Geopolitics. Carl Schmitt and the Legal Form of American Supremacy», in *Cultural Critique*, 54, Primavera de 2003, pp. 120-147.

24 Op. cit., pp. 143 e 151.

25 CBS, emissão do «60 minutes», 12 de Maio de 1996.

26 Jean-François Kervégan, «Carl Schmitt et "l'unité du monde"», art. cit., p. 11.

27 «La guerre et ses causes. Essai sur l'histoire des formes de la guerre en Occident», in *La guerre. Actes du colloque universitaire du 17 mai 2003*, Association des Amis de Guy Augé, Paris 2004, p. 94.

28 Lembramos que a Convenção de Genebra, que foi ratificada pelos Estados Unidos, interdita o recrutamento de mercenários, que não podem pois beneficiar da protecção concedida aos combatentes regulares pelas convenções de Haia de 1899 e de 1907.

29 *Militarisation de l'humanitaire, privatisation du militaire, et stratégie globale des États-Unis*, Centre interdisciplinaire de recherches sur la paix et d'études stratégiques (CIRPES), Paris 2004, p. 13. Citando o boletim *Foreign Report*, publicado pelo Jane's Information Group, de um orçamento inicial de 85 biliões de dólares desbloqueado pela administração americana para as operações militares no Próximo-Oriente, 28 biliões foram pagos a mercenários ou a indivíduos servindo em formações paramilitares.

30 Cf. Peter Singer, *Corporate Warriors. The Rise of the Privatized Military Industry*, Cornell University Press, Ithaca 2003; Philippe Chapleau, *Sociétés militaires privées. Enquête sur les soldats sans armées*, Rocher, Paris 2005; Jean-Jacques Roche (ed.), *Insécurités publiques, sécurité privée? Essais sur les nouveaux mercenaires*, Economica, Paris 2005; Olivier Hubac (ed.), *Mercenaires et polices privées. La privatisation de la violence armée*, Universalis, Paris 2006; Xavier Renou, *La privatisation de la violence. Mercenaires et sociétés privées au service du marché*, Agone, Marselha 2006. Sobre a privatização da espionagem, cf. Jean-Jacques Cécile, *Espionnage business. Guerre économique et renseignement*, Ellipses, Paris 2005.

31 «Aí onde já não é possível, escreve Carl Schmitt, discernir o que é guerra e o que é paz, torna-se ainda mais difícil de dizer o que é a neutralidade» (*La notion de politique*, op. cit., p. 172). Cf. sobre este assunto Aurélie de Andrade,

«A distinção de tempo de paz/tempo de guerra em direito penal militar: alguns elementos de compreensão», in *Les Champs de Mars*, Paris, 2 sem. 2001, pp. 155-169, que sublinha a maneira pela qual a emergência e o desenvolvimento de um direito penal internacional ainda acentuaram mais essa tendência. «Impõe-se constatar, escreve, a ausência da distinção tempo de paz/tempo de guerra em direito penal internacional. Quer seja nos estatutos e regulamentos de ambos os tribunais penais internacionais, Haia e Arusha, quer no do Tribunal Penal Internacional, não há nenhum traço dessa distinção» (p. 189). A adaptação do direito penal e do direito militar francês ao estatuto destas novas instâncias judiciárias não pode desde logo deixar de «acarretar, senão o desaparecimento, pelo menos uma atenuação da distinção tempo de paz/tempo de guerra» (ibid.) Esta tendência tinha sido assinalada a partir dos anos setenta por Jules Monnerot: «Não podendo o fim da luta, fim no duplo sentido da palavra, ser senão a vitória, a distinção oficial entre guerra e paz, com o seu cortejo de convenções (...) se não foi abolida, não tem pelo menos a adesão profunda dos novos calvinistas (NDT: no sentido de zelotas) que a admitem apenas no plano táctico, e só porque não têm alternativa, não desarmando moralmente nos intervalos de tempo que separam duas "guerras limitadas": a política é a "continuação da guerra por outros meios", diremos nós invertendo Clausewitz» (*Inquisitions*, José Corti, Paris 1974, pp. 95-96).

32 *De defensa*, Bruxelles, 25 de Outubro de 2004, p. 19.

33 Cf. Anders Stephenson, *Manifest Destiny, America Expansion and the Empire of Right*, Hill & Wang, Nova Iorque 1995.

34 Citado por Claude G. Bowers, *Beveridge and the Progressive Era*, Nova Iorque 1932, p. 121.

35 Cf. Clifford Longley, *Chosen People. The Big Idea that Shapes England and America*, Hodder & Stoughton, Londres 2002; Stephen H. Webb, *American Providence. A Nation with a Mission*, Continuum, Nova Iorque-Londres 2004; Fuad Sha'ban, *For Zion's Sake. The Judeo-Christian Tradition*

in American Culture, Pluto Press, Londres 2005.

36 *The Wall Street Journal*, Nova Iorque, 15 de Setembro 1997.

37 David Rothkopf, «In Praise of Cultural Imperialism?», in *Foreign Policy*, Washington, Verão de 1997.

38 *The Political Mythology of the Monroe Doctrine. Reflection on the Social Psychology of Domination*, s.d., p. 105.

39 *Washington Post*, Washington, 19 de Novembro de 2002.

40 *Dieu bénisse l'Amérique. La religion de la Maison-Blanche*, op. cit., p. 248. Cf. também Tarek Mitri, *Au nom de la Bible, au nom de l'Amérique*, Labor et Fides, Genebra 2004.

41 *America the Virtuous. The Crisis of Democracy and the Quest for Empire*, Transaction Publ., New Brunswick 2003.

42 *Al Qaeda and What it Means to be Modern*, Faber, Londres 2003, p. 95.

43 Op. cit., p. 9.

44 Os acordos de extradição assinados a 25 de Junho de 2003 entre a União europeia e os Estados Unidos consagram a integração material dos aparelhos judiciários europeus no sistema americano de luta contra o terrorismo.

45 «Le droit pénal comme un acte constituant. Une mutation du droit pénal», art. cit., p. 286.

46 Cf. Andrew Norris, «"Us" and "Them"», in *Metaphilosophy*, Oxford, XXXV, 3, Abril de 2004, pp. 249-272, que examina a reacção da administração Bush aos atentados do 11 de Setembro e a sua maneira de diabolizar o inimigo à luz dos trabalhos publicados por Schmitt nos anos 20.

47 Acerca deste assunto, cf. Darius Rejali, «Friend and Enemy, East or West: Political Realism in the Work of Usama bin Ladin, Carl Schmitt, Niccolo Machiavelli and Kai-ka'us ibn Iskandar», in *Historical Reflections – Réflexions historiques*, 2004, 3, pp. 425-443. Cf. também, para aquilo que diz respeito ao Irão, William O. Beeman, *The «Great Satan» vs. the «Mad Mullahs». How the United States and Iran Demonize Each Other*, Praeger, Greenwood, 2005.

48 «Autoimmunità, suicidi reali e simbolici», entrevista de

Outubro de 2001 publicada in Giovanna Borradori, *Filosofia del terrore. Dialoghi con Jürgen Habermas e Jacques Derrida*, Laterza, Roma-Bari 2003, p. 126 (trad. ingl.: *Philosophy in a Time of Terror. Dialogues with Jürgen Habermas and Jacques Derrida*, University of Chicago Press, Chicago 2003; trad. fr.: *Le «concept» du 11 septembre. Dialogues à New York, octobre-décembre 2001*, Galilée, Paris 2004).

49 Citado por François Heisbourg, *Iperterrorismo. La nuova guerra*, Roma 2002, p. 53.

50 *La guerra globale*, Laterza, Roma-Bari 2002, p. 27.

51 Relatório *The National Security Strategy*, U.S. Government, Washington 2002, p. 1.

52 Ibid., p. IV.

53 Ibid., p. 15.

54 Relatório *The National Defense Strategy of the United States of America*, U.S. Government, Washington 2005, p. IV.

55 Ibid., p. 1

56 Ibid., p. 8.

57 Ibid., p. 9.

58 Ibid., p. 13.

59 «"The National Security Strategy of the USA" ou la rencontre improbable de Grotius, Carl Schmitt et Philip K. Dick», in *Cultures et conflits*, Paris, 18 de Maio de 2005. Cf. também Betty Glad et Chris J. Dolan (ed.), *Striking First. The Pre-Emption and Preventive War Doctrines and the Reshaping of U.S. Foreign Policy*, Palgrave, Basingstoke 2005.

60 Donald Rumsfeld acabou igualmente por reconhecer que os alegados laços entre a Al-Qaida e o Iraque de Saddam Hussein eram com efeito pouco evidentes (*The Guardian*, 6 de Outubro de 2004).

61 A noção de «guerra justa» foi objecto de uma redefinição e de uma reavaliação positiva por parte de Michael Walzer (*Just and Unjust Wars. A Moral Argument with Historical Illustrations*, Basic Books, Nova Iorque 1977, trad. fr.: *Guerres justes et injustes. Argumentation morale avec exemples historiques*, Belin, Paris 1999; *Arguing about War*, Yale

University Press, New Haven 2003, trad. fr.: *De la guerre et du terrorisme*, Bayard, Paris 2004). Esta redefinição está muito próxima daquela proposta por Monique Canto-Sperber, in *Le Bien, la guerre et la terreur. Pour une morale internationale* (Plon, Paris 2005), que se esforça por fazer uma distinção entre «guerra justa» e «guerra moral». O manifesto dos intelectuais americanos (Samuel Huntington, Francis Fukuyama, Michael Walzer, etc.) favoráveis à guerra no Iraque publicado a 1 de Outubro de 2002 pelo Institute for American Values («What We're Fighting for») inscreve a luta contra o terrorismo no quadro da guerra justa, mas sem nunca se interrogar acerca do limite permitido das operações de guerra nem sobre o equilíbrio a instaurar entre a repressão militar e os meios militares. Sobre este assunto, cf. também William Rasch, «A Just War? Or Just a War? Schmitt, Habermas, and the Cosmopolitan Orthodoxy», in Andreas Kalyvas e Jan Müller (ed.), *Carl Schmitt: Legacy and Prospects. An International Conference in New York City*, n° especial da *Cardozo Law Review*, Nova Iorque, XXI, 5/6, Maio de 2000, pp. 1665-1684; Slavoj Zizek, «Are We in a War? Do We Have an Enemy?», in *The London Review of Books*, Londres, XXIV, 10, Maio de 2002; Fabio Vander, *Kant, Schmitt e la guerre preventiva. Diritto e politica nell'epoca del conflitto globale*, Manifesto libri, Roma 2004; Chris Brown, «From Humanised War to Humanitarian Intervention: Carl Schmitt's Critique of the Just War Tradition», comunicação ao colóquio «The International Thought of Carl Schmitt», Haia, 9-11 de Setembro de 2004; Mark Evans (ed.), *Just War Theory. A Reappraisal*, Palgrave Macmillan, Nova Iorque 2005; S.C. Roach, «Decisionism and Humanitarian Intervention. Reinterpreting Carl Schmitt and the Global Political Order», in *Alternatives*, Boulder (Colorado), XXX, 2005, 4, pp. 443-460; Sigrid Weigel, «The Critique of Violence Or, The Challenge to Political Theology of Just Wars and Terrorism with a Religious Face», in *Telos*, Nova Iorque, 135, Verão de 2006, pp. 61-76.
62 Art. cit.

63 «Não se deve de maneira nenhuma admitir, escreve Grotius, que segundo o direito das gentes, seja admissível pegar em armas, para enfraquecer um príncipe ou um Estado cujo poderio cresça de dia para dia, com medo de que se o deixarmos crescer demasiado, este o coloque em posição de nos causar dano numa dada ocasião» (*Traité de la guerre et de la paix*, livro I, cap. 2). Razão pela qual Yaron Brook e Alex Epstein («"Just War Theory" vs. American Self-Defense», in *The Objective Standard*, I, 1, Primavera de 2006) criticam a noção de «guerra justa»: aos seus olhos, ela é ainda demasiado restritiva! Citando como exemplos a imitar os bombardeamentos de terror sobre a Alemanha durante a Segunda Guerra Mundial e o massacre das populações civis (do Estado americano) da Geórgia pelo general nortista William T. Sherman em 1864, Brook e Epstein rejeitam a própria noção de «proporcionalidade» entre o ataque e a defesa e vão mesmo ao ponto de taxar de «derrotismo» a administração Bush por não se ter engajado prontamente numa guerra total contra o islamismo militante. «No Afeganistão e no Iraque, escrevem eles, vimos as consequências da não-adopção de uma política à Sherman». Os dois autores, que qualificam, na ocasião, o uso da tortura como sendo «moralmente obrigatório», reclamam-se da filosofia do «egoísmo racional» enunciada por Ayn Rand.

64 «Una "guerra globale" monoteistica», portal na Internet já citado (nota 37) (NDT: arquivo electrónico da revista *Iride*, http://tiny.cc/revistairide).

65 Art. cit.

66 Ibid. Geminello Preterossi, que fala, também ele, dum «estado de excepção global», considera por seu lado que os Estados Unidos tendem a instituir-se em «guardiões do mundo» no sentido dado por Schmitt ao falar de um «guardião da Constituição» (*L'Occidente contro se stesso*, Laterza, Roma-Bari 2004, pp. 39-56). Paul Virilio prefere interpretar o recurso à guerra preventiva em referência à omnipresença do medo no seio das sociedades pós-modernas. «A guerra preventiva de George W. Bush, escreve, é um acto de pânico

do Pentágono (...) A guerra preventiva é de facto uma guerra perdida de antemão. Atacar preventivamente prova que se não está seguro de si. A América e a sua hiper-potência é com efeito impotente relativamente à novidade do acontecimento estratégico (...) é uma situação histérica» («L'état d'urgence permanent», in *Le Nouvel Observateur*, Paris, 26 de Fevereiro de 2004, p. 96). Cf. também Armand Clesse, «America's Classical Security Dilemma. Search for a New World Order», in *World Affairs*, Abril-Junho 2004, pp. 14-20; Frederik Rosén, «Towards a Theory of Institutionalized Judicial Exceptionalism», in *Journal of Scandinavian Studies in Criminology and Crime Prevention*, VI, 2, Dezembro de 2005, pp. 147-163.
67 Cf. Carlo Galli, *La guerra globale*, op. cit.

Do Guerrilheiro ao Terrorista «Global»

No final dos anos 1990, Arbatov, conselheiro de Gorbatchev, disse aos americanos: «Vamos infligir-vos o pior dos golpes: vamos privar-vos de inimigo». Palavra significativa. O desaparecimento do «império do mal» soviético arriscava-se com efeito a suprimir toda a legitimação ideológica da hegemonia americana sobre os seus aliados. Era necessário, desde logo, aos americanos encontrar um inimigo de substituição, cuja ameaça, real ou suposta, lhes permitisse continuar a impor essa hegemonia a parceiros mais ou menos transformados em vassalos. Foi o que os Estados Unidos fizeram, conceptualizando em 2003, dois anos após os atentados do 11 de Setembro, a noção de guerra global contra o terrorismo (*Global War on Terrorism*).

Esta nova designação do inimigo explica que, no decurso destes últimos anos, vários autores tenham examinado a situação do mundo actual à luz de tal ou tal aspecto da obra de Carl Schmitt, mais frequentemente em correlação com as operações de guerra levadas a cabo pela América e com as medidas tomadas por Washington para lutar contra o islamismo ou o terrorismo global[1]. É o que faremos ao estudar a figura do terrorista «global» por comparação com a figura do guerrilheiro, tal como Carl Schmitt a evocou no seu célebre *Teoria da Guerrilha*[2].

Mas é importante lembrar em primeiro lugar que na origem, a palavra «terror» não designa de forma alguma a acção do combatente irregular. «O Terror» é o nome genérico do período, que se estende de Setembro de 1793 a Julho de 1794, durante o qual o poder revolucionário francês pôs «o terror na ordem do dia» para suprimir o seus opositores políticos. No momento em que surge na cena política, o «terrorista» não é pois um combatente irregular, opondo a legitimidade da sua acção à legalidade que combate. É pelo contrário um actor legal. O «Terror» de 1793 é um fenómeno estatal, que se confunde com um dos episódios da Revolução francesa. É exercido em nome do Estado, e assim sendo, supõe o monopólio legal da violência. A palavra «terrorismo», aparece pela primeira vez na língua francesa em 1794, para designar o regime de «terror» político, então no poder. Fará dois anos mais tarde a sua entrada no dicionário. «Milhares de diabos do Inferno chamados terroristas estão à solta no mundo», observa então Edmund Burke. A palavra remete pois, originalmente, para a acção de um Estado ou de um regime político, quer isto dizer para uma acção legal (que podemos declarar ilegítima), não para uma acção ilegal (que podemos declarar legítima). Não é senão posteriormente, no decorrer do século XIX, que o «terrorismo» será entendido, antes de mais, como uma forma ilegal de acção levada a cabo contra um Estado ou um regime político. Carregar-se-á então de conotações negativas e cessará de ser utilizado como autodesignação. (Mas a palavra «terror» continuará a ser empregue para qualificar certas medidas adoptadas por regimes totalitários, como o regime nazi ou o regime estalinista. Falar-se-á então de «terror», mas não de «terrorismo». À data, os dois termos ter-se-ão dissociado). Esta observação é importante, uma vez que permite compreender que possa ter existido (e que ainda exista) um terrorismo de Estado.

É igualmente interessante constatar que o aparecimento do «Terror» em França vai a par com a materialização pelos revolucionários franceses, a partir de Abril de 1792, da primeira guerra da história que pudemos qualificar como «guerra total», expressão que nunca foi aplicada, por exemplo, às guerras de religião do século XVI nem à Guerra dos Trinta Anos, a despeito das numerosas exacções a que estas possam ter dado lugar[3]. A guerra total, como já vimos, caracteriza-se nomeadamente pela abolição de facto das distinções tradicionais feitas anteriormente em tempos de guerra. Em 1792, um dos elementos motores dessa novidade reside no primeiro verdadeiro recrutamento maciço da história, que criou pela primeira vez regimentos inteiramente compostos por civis mobilizados de fresco («arregimentação» das populações masculinas que, em seguida, servirá de modelo ao enquadramento da sociedade civil pelos regimes totalitários). O conflito, por outro lado, arroga-se desde logo objectivos ilimitados e estende-se a todos os aspectos da vida em sociedade. Enquanto que o «terrorista» revolucionário se apresenta como fazendo obra de virtude («purifica» a sociedade), a guerra revolucionária toca tanto aos combatentes como aos não-combatentes. Os que a levam a cabo falam de «guerra a todo o transe». Jean-Baptiste-Noël Buchotte, ministro da Guerra, afirma a necessidade de «levar o terror aos nossos inimigos»[4]. Robespierre apela a «aniquilar, exterminar, destruir definitivamente o inimigo»[5]. O mesmo objectivo aplica-se aos inimigos internos, o que significa que a guerra externa e a guerra civil obedecem aos mesmos princípios: durante a guerra da Vendeia, as tropas republicanas recebem explicitamente a ordem de não fazer prisioneiros e de massacrar homens, mulheres e crianças sem distinção. A guerra total, escreve Jean-Yves Guiomar, «é a que põe em movimento massas de combatentes jamais vistas antes animadas pela vontade de vencer até à completa destruição do inimigo. É pois uma guerra sem quartel, que rejeita a negociação que vise eliminar o enfrentamento armado, fazendo-o cessar o mais depressa possível»[6]. A ruptura com a «guerra regular» cujos princípios prevaleciam antes da revolução é pois total[7].

Esta guerra ilimitada apresenta uma outra característica notável: é levada a cabo em nome da «liberdade». Os revolucionários que, em Maio de 1790, tinham solenemente proclamado a sua intenção de renunciar «para sempre» às guerras de conquista, justificam a sua acção, e o seu carácter ilimitado, pela sua intenção de «libertar os povos subjugados», derrubando todo o poder monárquico, espalhando por todo o mundo os princípios da Revolução. Se atacam os países vizinhos, é para «exportar a liberdade»; se massacram é porque um fim moralmente (e ideologicamente) tão elevado justifica que se empreguem todos os meios. A relação entre guerra moral e guerra total, devidamente trazida à luz por Carl Schmitt, encontra aqui uma nova e impressionante ilustração[8].

Em Carl Schmitt, a figura do guerrilheiro é de todo essencial, uma vez que constitui uma perfeita demonstração de que o Estado e a política não são necessariamente sinónimos, mas podem pelo contrário dissociar-se. O guerrilheiro leva a cabo com efeito uma luta eminentemente política, mas esta exerce-se fora do controlo do Estado, e mesmo geralmente contra ele. A acção dos guerrilheiros mostra que há outras guerras além das guerras inter-estatais e inimigos que não são Estados.

Schmitt distingue a figura do *guerrilheiro*, tal como surge nos combates de guerrilha efectuados no princípio do século XIX, na Prússia e em Espanha, contra a ocupação napoleónica, do *combatente revolucionário* moderno[9]. Um e outro são decerto combatentes irregulares, que actuam fora da legalidade do momento opondo a essa legalidade uma legitimidade da qual se reclamam e que afirmam encarnar. Um e outro são «franco-atiradores», que se descrevem a si próprios como «resistentes», sendo igualmente estigmatizados, não somente como combatentes «ilegais», mas também como combatentes «ilegítimos», pelos poderes públicos que lhes negam todo o direito de resistência ou de insurreição. Um e outro (e é evidentemente este ponto que mais retém a atenção de Schmitt) têm plena consciência do amigo e do inimigo, uma vez que não têm necessidade que se lhes designe um inimigo para o combater (da mesma forma, o terrorista olha como inimigo o que nenhuma autoridade pública ou legal lhe apresenta como tal). Um e outro, enfim, estilhaçam pelos seus próprios actos a distinção tradicional entre civis e militares que, na origem, se associava à de combatente e não-combatente (o civil era reputado como não tomando parte da guerra, razão pela qual gozava de uma protecção particular). Os guerrilheiros, com efeito, não são necessariamente militares; são-no mesmo raramente. Mais frequentemente são civis que decidiram pegar em armas. E estes civis muitas vezes entram em confronto com outros civis, que consideram como cúmplices ou aliados dos seus inimigos.

Guerrilheiro e combatente revolucionário não diferem menos profundamente um do outro. Ao guerrilheiro, para além da irregularidade e da intensidade do seu engajamento político, Carl Schmitt atribui como critério distintivo a flexibilidade ou a mobilidade no combate activo, mas sobretudo o seu carácter *telúrico* (*tellurisch*). O guerrilheiro tem com efeito objectivos geralmente limitados ao território que é o seu. Quer queira pôr termo a uma ocupação estrangeira ou derrubar um regime político que julga ilegítimo, a sua acção ordena-se em relação a esse território. Deriva pois da lógica da Terra.

Caso diferente é o do «combatente da revolução» ou do «activista revolucionário», cujo aparecimento Carl

Schmitt faz remontar a Lenine[10], identificando-se com a «agressividade absoluta de uma ideologia» ou pretendendo encarnar o ideal de uma «justiça abstracta». Na sua origem pode tratar-se de um guerrilheiro de tipo clássico, que se encontrou «irresistivelmente atraído pelo campo das forças do progresso técnico e industrial». «A sua mobilidade é (então) reforçada pela motorização, a tal ponto que corre o risco de não ter mais nenhuma forma de ligação local (...) Um guerrilheiro motorizado desta espécie perde o seu carácter telúrico»[11]. A perda do seu carácter telúrico advém do facto do combatente revolucionário não estar ligado de maneira intrínseca a um só território: virtualmente, a Terra inteira constitui o seu campo de acção. Mas a ilimitação opera, também nele, num outro plano. O «combatente da revolução» exonera-se de todos os limites na escolha dos meios. Convencido que está de travar uma guerra totalmente «justa», radicaliza-se num sentido simultaneamente ideológico e moral. Designa infalivelmente o seu inimigo como um criminoso e, por sua vez, é ele próprio designado como tal. Com o combatente revolucionário surge a hostilidade absoluta. Para Lenine, escreve Carl Schmitt, «o objectivo é a revolução comunista em todos os países do mundo; tudo o que serve este objectivo é bom e justo (...) Somente a guerra revolucionária é uma guerra verdadeira aos olhos de Lenine, porque ela nasce da hostilidade absoluta (...) Desde o dia em que o partido se torna em valor absoluto, o guerrilheiro torna-se ele mesmo absoluto, sendo promovido ao escalão de representante de uma hostilidade absoluta»[12].

«Aí onde a guerra é travada por ambas as partes como uma guerra (...) não discriminatória, acrescenta Schmitt, o guerrilheiro é uma figura marginal que não estilhaça o quadro da guerra, não modificando a estrutura do

73

conjunto desse fenómeno político. Mas se a luta comporta a criminalização do adversário na sua totalidade, se a guerra é, por exemplo, uma guerra civil travada pelo inimigo de classe contra um inimigo de classe, se o seu objectivo principal é o de suprimir o governo do Estado inimigo, a força explosiva revolucionária dessa criminalização do inimigo tem por efeito fazer do guerrilheiro um verdadeiro herói da guerra. Ele é quem executa a sentença de morte pronunciada contra o criminoso, na qualidade de elemento nocivo. Tal é a lógica de uma guerra de *justa causa* que não reconhece o *justus hostis*»[13]. O terrorista de hoje em dia é evidentemente o herdeiro ou a última encarnação, à data, desta segunda figura.

Em que medida estas duas figuras do guerrilheiro coincidem, respectivamente, com a do corsário e com a do pirata? Julien Freund escrevia há vinte anos que «a guerra de guerrilha e o terrorismo actual são de alguma forma a reprodução terrestre do corsário e do pirata (...) a figura actual do guerrilheiro é por assim dizer a réplica terrestre do corsário, a do terrorista a réplica do pirata. Sem dúvida há uma lógica até mesmo na irregularidade, num dado sentido em que foi por vezes delicado traçar um limite entre o corsário e o pirata; o mesmo vale para o caso do guerrilheiro e do terrorista»[14]. Schmitt vê com efeito na figura do corsário uma prefiguração da do guerrilheiro. Fala-nos aqui do corsário que goza de um reconhecimento público, se bem que aja de maneira irregular, por oposição ao pirata que, este sim, é considerado como um criminoso, não sendo reconhecido por ninguém. Contudo, o corsário age no mar, enquanto que o guerrilheiro, para Schmitt, está essencialmente ligado à Terra. O terrorista moderno excede, quanto a ele, todas estas distinções. Não é evidentemente comparável ao corsário, mas também não o é ao pirata, dado que as suas motivações, que são eminentemente políticas, não têm relação com o proveito ou o lucro. Age além disso igualmente no espaço, quer isto dizer para lá da Terra e do Mar.

Schmitt reage contra a ideia de que o progresso técnico e industrial vá tornar obsoleta a figura do guerrilheiro. Afirma pelo contrário, com uma assinalável lucidez, que esse mesmo progresso lhe vai dar uma nova dimensão. «Que se passará, pergunta ele, se um tipo humano que, até ao presente, deu origem ao guerrilheiro, conseguir adaptar-se ao seu meio técnico e industrial, servir-se dos novos meios e desenvolver uma espécie nova e adaptada de guerrilheiro? (...) Quem saberá impedir o aparecimento (...) de novos e inesperados tipos de hostilidade, cujo desencadeamento engendrará encarnações inesperadas de um novo guerrilheiro?»[15] Schmitt anuncia aqui, de maneira profética, a era do «guerrilheiro global» (*Kosmopartisan*).

O terrorismo já não é hoje evidentemente um fenómeno novo[16]. O que é em contrapartida novo, é o lugar central ocupado por este (ou que lhe é atribuído) nos nossos dias na cena internacional. Mas aqui, somos atingidos pelo contraste entre a omnipresença da denúncia do «terrorismo» e a leveza semântica que se associa a este conceito, leveza essa que não deixa de favorecer as diversas instrumentalizações do termo.

Uma das primeiras questões que se colocam está relacionada com a ideia da legitimidade da acção terrorista, legitimidade que os terroristas afirmam constantemente, mas que lhe é, bem entendido, negada pelos seus adversários. A problemática do guerrilheiro levanta desde logo uma questão sobre a parelha legalidade-legitimidade. Dado que é um combatente ilegal, o guerrilheiro não pode senão reclamar-se de uma legitimidade superior à lei positiva decretada pela autoridade que combate, o que o leva simultaneamente a contestar que a legalidade e a legitimidade se possam alguma vez confundir. É ainda aqui um termo Schmittiano por excelência[17].

É inegável que certas formas de «terrorismo» foram reconhecidas como legítimas num passado recente, desde logo aquando da Segunda Guerra Mundial, durante a qual os resistentes eram invariavelmente qualificados de «terroristas» pelas forças de ocupação alemãs, de seguida no momento da descolonização, quando numerosos grupos terroristas se apresentaram como «combatentes pela liberdade» (*freedom fighters*) desejosos de arrancar pela luta armada a sua independência às antigas potências coloniais. As quatro Convenções de Genebra de 12 de Agosto de 1949, por exemplo, atribuem aos resistentes a maior parte dos direitos e privilégios dos combatentes regulares[18]. Após 1945, à época das lutas anticoloniais, inumeráveis minorias armadas, movimentos «de libertação» ou guerrilhas, apresentaram-se, por sua vez, como organizações de resistência face a aparelhos estatais que os qualificavam como grupos «subversivos» e «terroristas». Logo que as suas lutas triunfaram e que obtiveram um certo reconhecimento internacional, os meios que tinham empregue foram retrospectivamente justificados. Ganhou assim credibilidade a ideia de que, em certos casos, o terrorismo poderia ser legítimo. Bem entendido, afirmava-se também que o terrorismo não teria justificação onde as reivindicações políticas e sociais se pudessem exprimir de outro modo. Mas as opiniões não podiam senão divergir quanto aos critérios que permitem separar o «bom» e o «mau» terrorismo. A apreciação do carácter moral ou imoral do terrorismo estava assim votada a depender, numa certa medida, da propaganda ou da simples subjectividade[19].

A fronteira entre «resistentes» e «terroristas» mostrou ser tão mais porosa quanto certos países devem, em parte, o seu nascimento ou a sua independência a um recurso ao terrorismo, sendo que certos acontecimentos ou mudanças de regime trouxeram antigos terroristas ao poder, transformando-os simultaneamente em interlocutores válidos ou em representantes respeitados do seu país. Os antigos terroristas Menahem Begin e Itzhak Shamir, que se tornaram célebres pelos atentados contra civis árabes antes da proclamação do Estado de Israel, acederam de seguida aos mais altos cargos no seu país[20]. Aconteceu o mesmo com dirigentes argelinos ou sul-africanos, como Ahmed Ben Bella ou Nelson Mandela.

Ainda hoje, os «resistentes» de uns são muitas vezes os «terroristas» dos outros. O uso do termo revela-se instável, e mesmo reversível. Ao mesmo tempo que apoiavam os movimentos islamitas a fim de contrabalançar a influência dos movimentos árabes nacionalistas laicos, os Estados Unidos, à época da Guerra Fria, nunca hesitaram em apoiar certos grupos terroristas, nomeadamente na Nicarágua, em Angola e no Afeganistão, tal como apoiaram, depois da primeira guerra do Golfo, os grupos de oposição iraquianos responsáveis por numerosos atentados com viaturas armadilhadas[21]. Os mesmos islamitas que eram qualificados como «combatentes pela liberdade» à época da invasão do Afeganistão pelo Exército Vermelho tornaram-se instantaneamente «terroristas» quando começaram a utilizar os mesmos métodos contra os seus antigos aliados. Os militantes do UCK, apresentados como «resistentes» quando as forças da OTAN bombardeavam a Sérvia, tornaram-se «terroristas» quando entraram em conflito com a Macedónia, aliada da OTAN e dos Estados Unidos. Poderíamos multiplicar os exemplos[22].

A ilegalidade do terrorismo deve, por outro lado, ser reenquadrada no âmbito mais geral de uma desinstitucionalização da vida política em numerosos países e da rápida extensão de espaços incontrolados (ou «zonas cinzentas») no mundo: proliferação das selvas urbanas nas grandes metrópoles do Sul do planeta, tráfico de estupefacientes à escala planetária, formação de verdadeiros exércitos privados ao serviço da grande criminalidade, aparecimento de «guerrilheiros cibernéticos» capazes de desencadear quedas bolsistas artificiais, adelgaçamento da fronteira entre as actividades financeiras e as actividades criminosas, etc.[23]

A questão do estatuto do terrorismo em conexão com o binómio legalidade-legitimidade complica-se enfim com a existência de um terrorismo «legal», na ocorrência de um terrorismo de Estado. As definições mais correntes do terrorismo não excluem, por outro lado, esse terrorismo de Estado, o qual se deve realçar, fez sempre mais vítimas do que a violência ilegal «sub-estatal»[24]. Se definirmos, com efeito, o terrorismo como sendo a maneira de causar o maior número de danos possíveis ao maior número possível de vítimas inocentes, como uma maneira de matar deliberadamente inocentes escolhidos ao acaso a fim de desmoralizar e semear o medo entre a população, bem como ainda, de forçar a mão dos seus dirigentes políticos obrigando-os a capitular, então não há dúvida que os bombardeamentos de terror sobre as populações civis alemãs ou japonesas da Segunda Guerra mundial entram nesta categoria, uma vez que, em todos os casos são não-combatentes que foram tomados como alvo.

Saber se o «hiperterrorismo» ou o «terrorismo global» actual não difere fundamentalmente do terrorismo «clássico», ao qual não seria senão necessário aumentar ou intensificar os elementos mais característicos, ou se pelo contrário este marca a emergência de uma forma de violência verdadeiramente inédita, é uma das questões mais discutidas hoje em dia. Passemos pois brevemente em revista certos traços distintivos ou aspectos deste «novo» terrorismo.

Uma das primeiras características do terrorismo global é a ilimitação, que era já própria do combatente revolucionário. O terrorismo é certamente uma violência, mas a sua violência não é suficiente para o definir. É ainda necessário precisar que tipo de violência o caracteriza. Ora, é em primeiro lugar uma violência que se apresenta como ilimitada: nada pode à priori limitá-la. O terrorista global empenha-se de imediato numa luta até à morte. Os terroristas são os primeiros a considerar como destituídas de pertinência as distinções clássicas entre beligerantes e neutros, civis e militares, combatentes e não-combatentes, alvos legítimos e ilegítimos. É nisto que o terrorismo se assemelha à guerra total. Mas esta forma de acção ilimitada tem um efeito de espelho, a luta contra o terrorismo arriscando-se, por sua vez, a justificar o recurso a não importa qual meio. «É necessário operar como guerrilheiro em todo o lado onde haja guerrilheiros», dizia já Napoleão em 1813. Sendo o terrorismo apresentado como um inimigo absoluto, é tentador pensar que nada pode *à priori* ser excluído no que diz respeito aos meios de o vencer, sobretudo se pensarmos que os meios clássicos (ou democráticos) são ineficazes diante de uma tal ameaça. O uso da tortura, por exemplo, foi bastas vezes legitimado pelas necessidades da luta antiterrorista (obter informações, por exemplo, ou ainda prevenir um atentado). A tentação é pois grande, a pretexto da eficácia, de ripostar contra os terroristas com métodos comparáveis aos que eles próprios empregam.

Outra característica importante é o aumento, ainda

79

mais acrescido, da desterritorialização. Na época pós-moderna, que é a do fim das lógicas territoriais, a figura do guerrilheiro à qual Carl Schmitt atribuía ainda um carácter eminentemente «telúrico», desterritorializa-se por sua vez. A guerra contra o terrorismo já não tem bases territoriais. O inimigo pouco (ou nada) se identifica com um dado território. Paul Virilio foi ao ponto de falar do «fim da geografia», o que é sem dúvida excessivo, uma vez que os dados da geopolítica permanecem. Contudo não restam dúvidas de que a forma privilegiada da acção terrorista é hoje a *rede*. Aquilo a que chamamos «Al-Qaida», por exemplo, não é uma organização de tipo clássico, localizável e hierarquizada, mas um conjunto vaporoso de redes confusamente interligadas. Estas redes terroristas ganham tanto mais importância quanto a época pós-moderna é, antes de tudo, uma época de redes, uma época onde as redes transversais se substituem às organizações piramidais. E estas redes estão dispersas: os seus membros vivem numa multitude de países, o que acentua a sua desterritorialização. De resto, se o guerrilheiro é cada vez menos «telúrico», é porque a forma territorial de dominação se torna ela mesma obsoleta: é mais rentável hoje em dia colonizar os espíritos ou controlar os mercados do que conquistar ou anexar territórios.

O paralelo que foi frequentemente feito entre os atentados do 11 de Setembro de 2001 e o ataque a Pearl Harbor em 1941, inclusive pelo presidente Bush[25], é deste ponto de vista perfeitamente enganador. O ataque de 1941 era o acto de um país claramente situável no mapa: o Japão. O do 11 de Setembro remete para um mundo de redes transnacionais por natureza. Os Estados Unidos lograram fazer a guerra ao Afeganistão, acusado de servir de refúgio ou de «santuário» aos grupos da Al-Qaida, não estando esses grupos aí domiciliados ou albergados senão em parte, e a título provisório. A guerra «global» lançada pelos Estados Unidos contra o terrorismo põe em conflito, dum lado os «guerrilheiros» sem enraizamento territorial preciso, uma vez que essencialmente organizados em redes, e do outro uma potência que aspira, já não a conquistar territórios, mas a instaurar uma nova ordem mundial (*new world order*) entendida como a condição necessária da sua segurança nacional, implicando esta nova ordem mundial a abertura planetária dos mercados, a garantia do acesso aos recursos energéticos, a supressão das regulações e das fronteiras, o controlo das comunicações, etc. Em tais condições, já não é mais a lógica da Terra a caracterizar a acção dos guerrilheiros, mas a lógica «marítima» da desterritorialização-globalização a favorecer a emergência de uma nova forma de terrorismo, ao mesmo tempo que lhe abre novos meios de acção[26]. Uma vez que os Estados Unidos, como os definiu Carl Schmitt, representam a potência do Mar por excelência, e sendo que a globalização obedece, também ela, a uma forma de lógica «marítima», podemos dizer que a luta contra o terrorismo resulta inteiramente da lógica do Mar.

O aparecimento do terrorismo completamente desterritorializado tem uma outra consequência. Leva à confusão ou à permutabilidade das tarefas militares e das tarefas de polícia das quais já falámos. Durante a Segunda Guerra mundial, para lutar contra a Resistência, as tropas de ocupação tinham já que se entregar a actividades tipicamente policiais (busca, detenção e interrogatório de suspeitos, etc.), ao passo que se assistia simultaneamente a uma militarização da polícia chamada a colaborar com estas. Da mesma forma, aquando das guerras coloniais, as forças regulares eram, também elas, levadas a utilizar métodos de polícia, uma vez que tinham primeiramente por missão identificar um inimigo que não envergava uniforme. Na época da luta contra o terrorismo global, esta confusão de tarefas entre a polícia e o exército atinge tais proporções que faz estilhaçar a distinção entre os assuntos internos e os assuntos internacionais[27].

O terrorismo, enfim, é a guerra em tempo de paz, sendo portanto, mais uma vez, o símbolo de uma crescente indistinção entre estas duas noções. Mas esta guerra, acabámos de o dizer, caracteriza-se, antes de tudo, por um trabalho policial. Ora, um polícia não olha os seus adversários como um militar «tradicional» olha os seus. Por definição, a polícia não se contenta em combater o crime. Procura fazê-lo desaparecer. Não poderia transigir ou concluir um «tratado de paz» com os criminosos. É por isto que nada há de político na actividade da polícia, pelo menos quando lida com os seus adversários clássicos, criminosos e malfeitores. Há por contrapartida nela uma evidente dimensão «moral»: o crime não é somente condenável socialmente, mas também moralmente. O carácter policial da guerra travada contra o terrorismo é desse ponto de vista revelador. Sustenta, como o escreveu Rik Coolsaet, a «mensagem que se quis fazer passar a partir do século XIX: o terrorismo não é uma actividade política legítima. Pertence à esfera criminal»[28]. Mas o que é ele exactamente? O terrorismo é uma nova forma política de guerra ou uma nova forma de criminalidade[29]?

Do lado daqueles que combatem o terrorismo, as coisas são claras. No discurso público que empregam para qualificar os seus adversários, os terroristas são infalivelmente descritos como criminosos. Este fenómeno também não é novo. Durante a Revolução, os insurgentes *vendeianos* eram oficialmente designados sob o nome de «salteadores». Depois do assassinato em Setembro de 1901 do presidente americano William Mckinley por um anarquista, o seu sucessor, Theodore Roosevelt, tinha já qualificado os anarquistas como «criminosos contra a raça humana»[30]. Mas a equação: terroristas = criminosos, apoiando-se em geral no carácter violento, cego e imprevisível das acções cometidas pelos terroristas, foi também igualmente empregue no passado para qualificar os membros da Resistência ou os «combatentes pela liberdade» das lutas anticoloniais. Com base nesta equação foi possível considerá-los como delinquentes de direito comum, o que justificava por exemplo, aquando da sua detenção, que se lhes recusasse o estatuto de prisioneiros políticos. No campo semântico, escreve Pierre Mannoni, o terrorista é igualmente designado por termos «como "criminoso", "assassino", "bandido", rebaixando-o ao nível dos violentos indesejáveis, perturbadores da ordem e da paz social, ou como "bárbaro", "selvagem", "louco sanguinário", fazendo-o pender para o lado da insanidade mental ou para um estado de natureza brutal, não civilizada»[31]. Michael Walzer escreve que «os terroristas evocam esses assassinos excitados que abatem tudo à sua passagem»[32]. Os terroristas seriam pois criminosos ou loucos.

Este tipo de denúncia faz do terrorismo um inimigo que nada tem em comum com aqueles que ataca. O terrorista torna-se então *Num Outro*, num «*hostis humani generis*». «A imagem do outro é construída como sendo a de alguém que não poderá nunca "ser como nós"»[33]. O discurso político e mediático afirma-o permanentemente: a causa que o terrorismo pretende defender é, por si só, «incompreensível». Nos Estados Unidos, ela é-o ainda menos visto que os Americanos, convencidos que estão de terem criado a melhor sociedade possível, entenda-se a única sociedade aceitável, têm naturalmente tendência a achar inimaginável a rejeição do modelo que defendem como seu. A ideia tão difundida na América que esta é o país da liberdade (*land of the free*), modelo último na organização das sociedades, ao mesmo tempo que nação eleita pela Providência, facilita evidentemente a representação dos terroristas como doentes, perversos ou loucos: Em Setembro de 2001, como poderiam as pessoas «normais» não acreditar na «bondade» dos Americanos? «Como podiam essas pessoas que tinham menos de tudo aquilo que interessa pensar que aqueles que mais tinham o deviam a outra coisa que não o seu mérito?»[34]. O próprio facto dos terroristas «detestarem os Estados Unidos e tudo aquilo que representam»[35] já faz deles seres à parte, e como a América se identifica com Bem, encarnações do Mal. O terrorismo pode a partir daí ser estigmatizado, simultaneamente, como irracional e criminoso, desprovido de toda a lógica, e no fundo sem objectivo propriamente político.

Esta descrição do terrorista, seja como louco, seja como criminoso, seja ainda mais comummente como louco criminoso, encontra incontestavelmente eco na opinião pública, que considera em geral os actos terroristas simultaneamente injustificáveis e incompreensíveis («porque fazem eles isto?», «mas o que é que eles querem?»). Estas reacções podem compreender-se perfeitamente. Resta saber se o recurso a tais termos não impede que se analise a verdadeira natureza do terrorismo e, mais ainda, que se identifique as suas causas.

A descrição do terrorista como um simples «criminoso» apoia-se numa lógica que proscreve toda a aproximação entre assassínio e legitimidade. Esta lógica contudo claudica no facto do o assassínio ser legítimo em qualquer guerra, mesmo quando se trate de civis, vítimas dos bombardeamentos de terror ou de «danos colaterais». A retórica do terrorismo vai pois consistir em tentar incluir as suas acções na esfera da legitimidade. De facto, qualquer terrorista considera que, como vimos, em primeiro lugar trava efectivamente uma guerra, em seguida que a sua acção é eminentemente legítima, sendo a violência dos seus actos apenas a consequência ou o reflexo de uma outra violência «legal», justificada pela injustiça de uma situação, uma reacção no seu todo aceitável a uma situação que é, essa sim, inaceitável.

Face a esta retórica, denunciada como especiosa, o terrorista é pelo contrário prontamente descrito, por aqueles que o combatem, como um criminoso não se admitindo senão a contragosto que possa ter objectivos políticos. Sublinha-se que os métodos de que faz uso desqualificam a sua apresentação como combatente político. Invoca-se os seus métodos para o rejeitar, criminalizando-o. Mas a negação do carácter político do terrorismo não se explica somente pelas reacções emocionais constantes na opinião. Da parte dos poderes públicos, ela traduz frequentemente uma acção eminentemente política, fundando-se em reacções emocionais. «Ela provém de uma vontade deliberada de onerar a mensagem política inerente ao acto terrorista, escreve Percy Kemp, assim como de uma negação da verdade entendida como condição *sine qua non* da constituição de um novo ethos. Assim, em Israel, a recusa das autoridades em reconhecer a especificidade política do terrorismo (e, por conseguinte, a sua recusa de toda a negociação) encontra os seus fundamentos na negação da verdade da espoliação dos Palestinianos. Nos Estados Unidos, uma tal recusa funda-se na negação oficial da realidade das relações, incestuosas, que as sucessivas administrações mantiveram com o movimento islâmico, e do subsequente abandono destes aliados incómodos desde o fim da Guerra Fria»[36].

Admite-se contudo, ao mesmo tempo, que os terroristas fazem a guerra aos Estados Unidos e que estes devem por sua vez fazer-lhes a guerra. Mas o recurso a este termo de «guerra» é ambíguo. As guerras tradicionais concluem-se por tratados de paz, que aqui são excluídos. O modelo de guerra que é implicitamente retido é pois o da guerra total, moral ou «policial», onde não se trata somente de vencer, mas de fazer desaparecer o inimigo. Carl Schmitt escreve que «os teólogos tendem a definir o inimigo como qualquer coisa que deve ser aniquilada»[37]. É igualmente deste modo que raciocinam os paladinos da «guerra justa», e é ainda assim que raciocinam aqueles que fazem a «guerra ao terrorismo», o que permite precisamente justificar que se queira, não somente combatê-lo, mas fazê-lo desaparecer. Vê-se bem, desde logo, que esta guerra é por natureza muito diferente das guerras tradicionais, tendo origem simultaneamente na acção policial e na guerra absoluta[38].

Não se negoceia com o terrorismo: é o que repetem todos os poderes públicos que com ele são confrontados (mesmo que, na realidade, aconteça que negoceiem de maneira mais ou menos dissimulada, por exemplo pagando discretamente um resgate para obter a libertação de um refém). O terrorismo global, também ele, parece não querer minimamente negociar, distinguindo-se por isso do sequestro, com o qual por outro lado tanto se assemelha, mas somente causar o maior número de danos possíveis. Contudo, se admitirmos que o seu verdadeiro alvo não é nunca aquele que os próprios actos terroristas visam, mas sim o que procura atingir de modo indirecto pelos seus actos (para o constranger a tal ou tal mudança de atitude, a tal ou tal modificação da sua política, etc.), então torna-se necessário admitir que busca pelo contrário uma «negociação». O terrorismo procura obter alguma coisa: que a França cesse de dar o seu apoio ao regime argelino, que os Estados Unidos mudem de política no Próximo Oriente, que a Rússia evacue a Chechénia, etc. A afirmação segundo a qual «não se negoceia com o terrorismo» é então para ser compreendida como uma simples recusa de ceder a uma exigência. Bem entendido, é tomando como referência os meios utilizados para os fazer ceder, meios prontamente considerados como inaceitáveis porque atingem «inocentes» ou tomam como «reféns» a população civil, que os poderes públicos justificam a sua recusa em ceder. Mas é também evidente que estes, de igual forma, não cederiam se as mesmas exigências lhes fossem apresentadas de maneira «razoável», e é muito por causa disso que os terroristas, que não o ignoram, preferem recorrer aos meios mais extremos, meios julgados capazes de obter o que não obteriam de outra forma, enquanto que pelo contrário estes serão utilizados como pretexto para justificar a recusa em lhes ceder.

Carl Schmitt distingue o guerrilheiro tradicional do «guerrilheiro absoluto» que, animado pela sua fé revolucionária, se exime a todas as normas. Mas não faz, por tal, do guerrilheiro absoluto um criminoso. Reconhece pelo contrário nele uma figura eminentemente política. Nota que o «carácter político intensivo do guerrilheiro é de reter, quanto mais não seja porque é necessário distingui-lo de um vulgar bandido e criminoso, cujas motivações são orientadas para um enriquecimento privado»[39]. Mesmo quando não parece haver outra finalidade para além do acto em si, todo o acto terrorista é com efeito portador de uma mensagem política, que é preciso decifrar. Para o terrorista, o terror é sempre potencialmente «convertível em capital político» (Percy Kemp). O terrorista é certamente um *hostis*, um inimigo político, no sentido dado por Carl Schmitt, mas é precisamente esta dimensão propriamente política do terrorismo que o recurso à retórica policial tende a apagar. «Quanto mais as democracias ignorarem a mensagem política veiculada pelo terrorismo, acrescenta Percy Kemp, mais elas encorajarão uma escalada da violência convidando o terrorista a transformar-se em anjo vingador»[40]. Tal não quer dizer que os actos terroristas não sejam também crimes. Mas são crimes *políticos*, que não podem ser reconhecidos como tais sem tomar em consideração o contexto e as causas que permitem qualificá-los assim. Noutros termos, um crime político é político antes de ser criminal, e é por isso que não deveria ser assimilado a um crime de direito comum.

Os limites da tese segundo a qual o terrorismo não seria utilizado a não ser em «último recurso», sendo «a arma dos pobres» e traduzindo somente o «desespero» de certas populações ou minorias, foram facilmente trazidos à luz por diferentes autores. Mas a tese segundo a qual a violência terrorista seria «ilógica», «irracional», «inexplicável», puramente «inumana», «criminosa» ou «bárbara», é ainda menos sustentável. O terrorismo nada tem de «irracional». Não é mais (ou menos) irracional que a lógica do mercado, que tem, também ela, os seus fundamentos religiosos, uma vez que divide o mundo entre «crentes» (na toda poderosa «mão invisível» e nas regulações económicas espontâneas) e «incrédulos». Acrescentemos que é tanto mais erróneo qualificar o terrorismo islâmico de «niilista» quanto o niilismo é a besta negra do pensamento islâmico. (O que os muçulmanos mais censuram ao Ocidente é precisamente o seu niilismo, o que alude ao facto de este não ter senão valores materiais a propor como exemplo). Nada é pois mais afastado da realidade do que a representação do terrorismo como uma sucessão irracional de acções puramente patológicas ou criminais. O terrorismo inscreve-se num objectivo político, responde a uma lógica estratégica. Esta lógica e este objectivo são perdidos de vista pelas condenações puramente morais ou pela indignação da comunicação social. «Mesmo os atentados cegos, escreve Pierre Mannoni, atingindo vítimas inocentes, são deliberadamente decididos e obedecem a uma intenção precisa. Tudo é aí calculado para produzir um certo tipo de efeito, porquanto nada é menos fantasista, vago ou improvisado que um atentado, onde tudo é planificado: intervenientes, lugares, modalidades e, sobretudo, repercussões mediáticas e políticas»[41]. «Todas as indignações e as condenações morais, acrescenta, não conseguem, feitas as contas e apesar delas, senão caucionar o terrorismo que elas denunciam atestando, pela sua existência, a sua capacidade em abalar os ânimos»[42].

Na época da Guerra Fria, a União Soviética representava para a América um adversário «simétrico». Com o terrorismo global, esta encontra-se perante uma confrontação assimétrica. «A guerra, observa Pierre Mannoni, admite uma ligação de proporcionalidade directa entre uma forte extensão espacial, uma intensidade moderada a forte e uma frequência contínua; o terrorismo é caracterizado por uma relação de proporcionalidade inversa entre uma extensão espacial fraca, uma intensidade extrema e uma frequência descontínua»[43]. Há pouco, procurava-se o equilíbrio das forças (ou do «terror»). Doravante, a noção chave é a de assimetria (e não de dissimetria, que marca somente uma inegalidade de ordem quantitativa entre as forças em presença).

A «guerra contra o terrorismo» é uma guerra assimétrica pela própria natureza do fenómeno: é precisamente porque o terrorista não dispõe de meios de confrontação clássicos que recorre ao terrorismo. Esta assimetria já existia na era do guerrilheiro clássico, o que suscitava a cólera de Napoleão. Com o terrorismo clássico, esta assimetria generaliza-se a todos os níveis. Assimetria dos actores: de um lado estruturas pesadas e Estados, do outro lógicas fluidas e grupos transnacionais[44]. Assimetria dos objectivos: os terroristas sabem onde e como atacarão, os seus adversários não sabem (ou não sabem senão imperfeitamente) onde e como lhes responder. Assimetria dos meios: a 11 de Setembro de 2001, no espaço de poucos minutos, os navios de guerra, as bombas atómicas, os F-16 e os mísseis de cruzeiro tornaram-se obsoletos face a algumas dezenas de «fanáticos» munidos de facas e de *cutters*[a]. Realizados com meios derrisórios, os atentados de Nova Iorque e de Washington fizeram vacilar a América e causaram, directa ou indirectamente, danos avaliados em mais de 60 biliões de dólares[45].

Mas a principal assimetria é de ordem psicológica: um imenso fosso separa homens para os quais muitas coisas são piores que a morte de um mundo no qual a vida individual, puro facto de imanência, é olhada como um bem que ninguém poderia sobrepujar. Os Ocidentais vivem nos nossos dias num mundo «desencantado» que considera que nenhum bem é superior à vida. No decurso da história, este sentimento foi mais vezes a excepção do que a regra. Percy Kemp fala aqui muito justamente da «escolha antropocêntrica que foi feita, a partir da Renascença, colocando o homem em vez de Deus no centro do universo e substituindo o medo do Inferno pelo da morte»[46]. Donde a assimetria radical existente entre os terroristas prontos a dar a sua vida suprimindo a vida dos outros, precisamente porque não têm «medo da morte», e aqueles para quem este comportamento é propriamente «incompreensível» porquanto, para eles, a vida vale sempre mais que tudo. É esta assimetria que tende, do lado das vítimas, a descrever o terrorismo como consequência de um «niilismo absurdo»: a racionalidade do mundo ocidental laicizado torna-o incapaz de compreender as motivações oriundas de uma lógica que esse mesmo mundo, contudo, conheceu no passado, a saber que há causas, boas ou más bem entendido, que valem a pena que se dê a sua vida por elas. A recusa de sacralizar a vida existente, a ausência de «medo perante a morte» não pode provir, numa tal óptica, senão de um «fanatismo» assimilável à loucura criminosa. Entre aqueles que pensam no outro mundo e aqueles que pensam na sua reforma, não há medida comum possível. Para os terroristas, a morte é eventualmente uma recompensa. Face a esse desejo de morte erigido em arma absoluta, o Ocidente está inevitavelmente desarmado.

O terrorismo, enfim, é ainda assimétrico no sentido em que obtém um formidável impacto sobre a opinião matando não obstante relativamente pouca gente, infinitamente menos, por exemplo, que os homicídios ou os assassinatos de tipo «clássico» que se produzem a cada ano no mundo[47]. É deste ponto de vista muito comparável à catástrofe aérea, rara mas da qual falarão todos os media porque terá levado simultaneamente à morte várias dezenas ou centenas de pessoas, comparados com os acidentes de carro, que matam infinitamente mais indivíduos mas dos quais ninguém fala, porquanto nenhum deles provoca mais do que um pequeno número de mortes. O terrorismo faz igualmente muito menos vítimas do que os massacres étnicos, tal como pudemos ver no Ruanda nomeadamente, mas suscita reacções mais fortes porque é mais espectacular. Ora, esse carácter espectacular é indissociável do objectivo a que se propõe. O seu verdadeiro impacto é de ordem psicológica.

O terrorismo global visa com efeito a fragilização das estruturas e a desestabilização dos comportamentos. Evocando as acções terroristas actuais, Pierre Mannoni escreve a justo título que não se trata tanto, para os seus

---

[a]NDT – Em inglês no original. X-actos.

autores, «de "tirar as massas da sua apatia", como à época dos revolucionários históricos, mas de aí as mergulhar, inibindo as suas faculdades de defesa ou de iniciativa»[48]. Por seu lado, Jordan Paust observava, desde os anos setenta, que o objectivo procurado pelo acto terrorista era «utilizar o terror e a angústia assim suscitados a fim de constranger o alvo principal a adoptar uma dada conduta ou a modificar a sua política no sentido desejado»[49.] Esta definição mostra bem que o «alvo principal» não é nunca aquele que é visado de imediato, mas aquele que se quer de alguma forma atingir por ricochete (é nisto que o acto terrorista se assemelha ao sequestro). Desde logo, aquando dos bombardeamentos de terror sobre as populações civis alemãs ou japonesas durante a Segunda Guerra Mundial, o alvo visado, para lá das vítimas em si, era o governo alemão ou japonês. O mesmo se aplica ao terrorismo global, cujas acções visam um efeito *secundário*, mais do que primário: os atentados são somente meios de condicionar a opinião pública ou de exercer pressão sobre a política dos governos. O terrorismo quer assim atingir os espíritos e desarmar as vontades. O fim procurado, por exemplo, não é tanto o de destruir as *Twin Towers* de Nova Iorque quanto o de provocar na opinião um trauma que seguramente o espectáculo da sua destruição produzirá. É uma diferença importante em relação ao *partisan,* ou guerrilheiro, que procura quase sempre efeitos directos sobre objectivos imediatos, sendo então esse efeito primário o efeito procurado.

No mundo actual, esse objectivo é atingido principalmente por intermédio da comunicação social. Há com efeito uma ligação evidente entre o seu carácter espectacular e a repercussão que lhe é dada pela comunicação social. O terrorismo dá nas vistas tanto quanto impressiona o imaginário. É o facto de constituir um espectáculo chocante, perturbador, suscitante de comoções emocionais e de reacções viscerais imediatas, que lhe confere o seu poder de impacto: os atentados do 11 de Setembro foram disto a perfeita ilustração. O progresso do terrorismo está intimamente ligado à expansão do sistema mediático mundial que, dando conta deste «em tempo zero», desmultiplica o seu impacto. O efeito choque de um atentado não depende tanto da sua amplitude intrínseca quanto do que dele se dirá: se nada é dito, é como não tivesse ocorrido. Como o observa muito bem Paul Virilio, «a arma de comunicação massiva é estrategicamente superior à arma de destruição massiva»[50]. Há aí uma espécie de ligação perversa, mas orgânica, entre o terrorismo e a comunicação social, uma ligação que faz lembrar o modo pelo qual a linguagem publicitária se tende a instaurar como paradigma de todas as linguagens sociais[51]. «O terrorismo opera a dois níveis, escreve por seu lado Rüdiger Safranski: o concreto e o simbólico. A propagação mediática do terror é tão importante quanto as próprias acções. É por isso que a comunicação social se torna cúmplice, contra a sua própria vontade. Uns produzem o terror na expectativa de que outros o propaguem (...) É da própria essência do terrorismo moderno utilizar a comunicação social como serviço de mensagens»[52]. O terrorismo constitui assim um jogo a quatro, um jogo assassino cujos quatro elementos são indissociáveis: os terroristas, as vítimas, o «alvo principal» (os poderes estabelecidos) e a comunicação social.

Pouco tempo antes da sua morte, Jacques Derrida colocava esta questão: «O terror organizado, provocado, instrumentalizado, difere em quê desse *medo* que toda uma tradição, de Hobbes a Schmitt e mesmo Benjamin, tem como condição da autoridade da lei e do exercício do poder, por condição do próprio político e do Estado?»[53]. Na sua generalidade, o propósito era sem dúvida contestável, mas tinha ao menos o mérito de enfatizar a noção de medo. No terrorismo global, o medo do perigo é, com efeito, ainda mais importante que o perigo. O terrorista é um inimigo reputadamente capaz de tudo, mas «invisível», e como tal virtualmente omnipresente[54]. Esta característica serve-lhe na medida em que contribui para amplificar o efeito de medo procurado. Não conhecendo nem fronteira nem medida, o terrorismo destrói todas as referências, porquanto provém de uma lógica radicalmente distinta da racionalidade corrente. A sua «invisibilidade», a sua imprevisibilidade, decuplicam o medo suscitado pela ameaça que constitui, ao mesmo tempo que favorecem todas as espécies de representações conspiracionistas. Numa sociedade onde o *risco* (omnipresente) tomou o lugar do *perigo* (identificável e localizável)[55], engendra além disso espectros de suspeição generalizada, tendentes a legitimar não importa qual medida de controlo ou de restrição das liberdades no seio de populações frequentemente prontas a sacrificar essas liberdades para verem garantida mais segurança.

Já o dissemos acima: o terrorismo, é a guerra em tempo de paz, entenda-se uma guerra *na paz*, e é uma guerra «global», quer isto dizer total. No final de Setembro de 2001, a Casa Branca tinha dado o nome de código de «Justiça infinita» (*Infinite Justice*) ao seu plano de guerra ao terrorismo. Ora, por definição, a «justiça infinita» não conhece limites. George W. Bush, dirigindo-se ao Congresso, afirmava na mesma altura que essa guerra não acabaria «senão quando todos os grupos terroristas que disponham de uma capacidade de alcance global tiverem sido descobertos, presos e vencidos». «Queremos uma vitória total no Iraque, e teremos uma vitória total», declarou também, o que significa claramente que tudo o que não se pareça com uma vitória total será encarado por ele como uma derrota total. É o mesmo que dizer que esta guerra, não declarada, é uma guerra sem fim. Paul Virilio escreveu que «com o terrorismo entrámos na era da guerra sem fim, nos dois sentidos da palavra»[56]. Trata-se com efeito simultaneamente de uma guerra que não se pode terminar e de uma guerra sem finalidade precisa ou objectivo determinado[57]. Ela é sem fim, para ambos os lados, uma vez que realisticamente os terroristas não podem esperar vencer os seus adversários, enquanto que estes últimos não podem seriamente estar à espera de fazer desaparecer o terrorismo. Por definição, a guerra contra o terrorismo não pode ser ganha nem perdida. Quer isto dizer que, como o tinha previsto Carl Schmitt, o terrorismo global tem ainda belos dias à sua frente.

[1] Cf. especialmente Thomas Assheuer, «Geistige Wiederbewaffnung. Nach den Terroranschlägen erlebt der Staatsrechtler Carl Schmitt eine Renaissance», in *Die Zeit*, Hamburgo, 15 de Novembro de 2001, p. 54; «Carl Schmitt Revival Designed to Justify Emergency Rule», in *Executive Intelligence Review*, 2001, 3, pp. 69-72; J. Hacke, «Mit Carl Schmitt in den Krieg – mit Carl Schmitt gegen den Krieg», in *Ästhetik und Kommunikation*, Berlim, XXXIII, 2002, 118, pp. 29-32; Frederik Stjernfelt, «Suverænitetens paradokser: Schmitt og terrorisme», in *Weekendavisen*, 10 de Maio de 2002; Nuno Rogeiro, *O Inimigo Público. Carl Schmitt, Bin Laden e o Terrorismo Pós-Moderno*, Gradiva, Rio de Janeiro 2003; Lon Troyer, «Counterterrorism. Sovereignty, Law, Subjectivity», in *Critical Asian Studies*, 2003, 2; Ulrich Thiele, «Der Pate. Carl Schmitt und die Sicherheitsstrategie der USA», in *Blätter für deutsche und internationale Politik*, Agosto de 2004, pp. 992-1000; William Rasch, «Carl Schmitt and the New World Order», in *South Atlantic Quarterly*, Durham, 2004, 2, pp. 177-184; Carsten Bagge Lausten, «Fjender til døden: en schmittiansk analyse af 11.

September og tiden efter», in *Grus*, 71, 2004, pp. 128-146; Peter Stirk, «Carl Schmitt, the Law of Occupation, and the Iraq War», in *Constellations*, Oxford, 2004, 4, pp. 527-536 (texto reeditado in Peter Stirk, *Carl Schmitt, Crown Jurist of the Third Reich. On Preemptive War, Military Occupation, and World Empire*, Edwin Mellen Press, Lewiston 2005, pp. 115-129); Alfred C. Goodson, «"Kosmopiraten", "Kosmopartisanen": Carl Schmitt's Prophetic Partisan», in *ABLIS Jahrbuch für europäische Prozesse*, vol. 3: *Aufbruch in den rechtsfreien Raum. Normvirulenz als kulturelle Ressource*, 2004, 6 S.; Andreas Behnke, «9/11 und die Grenzen des Politischen», in *Zeitschrift für internationale Politik*, XII, 2005, 1; Francesco Merlo, «Se questa è una guerra – Sulla "teoria del partigiano"» di C. Schmitt, in *La Repubblica*, 21 de Julho de 2005; William E. Scheuerman, «C. Schmitt and the Road to Abu Ghraib», in *Constellations*, XIII, 1, Março de 2006, pp. 108-124. William Rasch esforçou-se igualmente por traduzir (NDT: leia-se transpor) as teses de Schmitt sobre o conflito em termos que vai buscar a Luhman e a Lyotard («Conflict as a Vocation: C. Schmitt and the Possibility of Politics», in *Theory, Culture and Society*, Dezembro de 2000, pp. 1-32). Jacques Derrida pronunciou-se por uma leitura crítica de Schmitt em relação à situação internacional actual («Qu'est-ce que le terrorisme?», entrevista com Giovanna Borradori, in *Le Monde diplomatique*, Paris, Fevereiro de 2004, p. 16). George Corm considera que «as derivas às quais assistimos depois dos graves acontecimentos do 11 de Setembro de 2001 e a energia guerreira empregue pelos Estados Unidos para gravar em todas as consciências a necessidade de uma guerra total ao monstro terrorista» não fazem mais do que confirmar a «profunda visão» de C. Schmitt (*Orient-Occident. La fracture imaginaire*, 2 ed., Découverte, Paris 2005, p. 194).

[2] *Theorie des Partisanen. Zwischenbemerkung zum Begriff des Politischen*, Duncker u. Humblot, Berlim 1963, última edição: Berlim 2002. (trad. pt.: *Teoria da guerrilha, Theorie des Partisanen. Zwischenbemerkung zum Begriff des Politischen*,

tradução de Clarisse Tavares, Lisboa, Ed. Arcádia, 1975).
(trad. fr.: in *La notion de politique* – *Théorie du partisan*,
Calmann-Lévy, Paris 1972, 2 ed.: Flammarion, Paris 1992.
A edição francesa inclui num só volume as obras *O Conceito
do Político* e *A Teoria da Guerrilha*, publicadas separadamen-
te em língua portuguesa). O livro de Schmitt reúne o texto
de duas conferências pronunciadas em Espanha em Março
de 1962, ou seja alguns meses após a construção do Muro
de Berlim. Vários comentadores consideram não ser um
acaso que a atenção de Schmitt se tenha cristalizado sobre o
assunto, aquando da Guerra Fria. Carl Schmitt desenvolveu
em seguida os seus pontos de vista sobre o guerrilheiro nas
suas entrevistas com o maoista Joachim Schickel: *Gespräche
mit Carl Schmitt*, Merve, Berlim 1993. Cf. também Marcus
Llanque, «Ein Träger des Politischen nach dem Ende
der Staatlichkeit: Der Partisan in Carl Schmitts politischer Theorie», in Herfried Münkler (Hrsg.), *Der Partisan.
Theorie, Strategie, Gestalt*, Westdeutscher, Opladen 1990, S.
61-80; Joachim Klaus Ronneberger, «Der Partisan im terro-
ristischen Zeitalter. Vom gehegten Kriegsraum zum reinen
Krieg. Carl Schmitt und Paul Virilio im Vergleich», ibid.,
S. 81-97; Ingeborg Villinger, «Skalpell und Breitschwert.
Im globalen Partisanentum droht der Ausnahmezustand
zum Dauerzustand zu werden», in *Frankfurter Allgemeine
Zeitung*, 1 de Outubro de 2001, p. 53; Teodoro Klitsche de
La Grange, «The Theory of the Partisan Today», in *Telos*,
Nova Iorque, 127, Primavera de 2004, pp. 169-175; Douglas
Bulloch, «Carl Schmitt and the Theory of the Partisan.
Articulating the Partisan in International relations», co-
municação ao colóquio «The International Thought of Carl
Schmitt», Haia, 9-11 Setembro de 2004; Stephan Schlak,
«Der Partisan ganz privat», in *Die Tageszeitung*, 15 de Março
de 2006, p. 15; Matthias Schmoeckel, «Carl Schmitts Begriff
des Partisanen. Fragen zur Rechtsgeschichte des Partisanen
und Terroristen», in *Forum Historiae Iuris* (jornal electrónico), 31 de Março de 2006, 29 p. Note-se por fim a publicação
e um número especial de *CR: The New Centennial Review* in-

teiramente consagrada ao exame das teses de Carl Schmitt relativas ao guerrilheiro: Michaelsen e David E. Johnson (ed.), *Theory of the Partisan*, East Lansing, Michigan State University Press, IV, 3, Inverno de 2004 (textos de Alfred Clement Goodson, Rodolphe Gasché, Gil Anidjar, Alberto Moreiras, Sigrid Weigel, Eva Horn, Miguel E. Vatter et Werner Hamacher).

[3] Cf. por exemplo J.F.C. Fuller, *La conduite de la guerre de 1789 à nos jours*, Payot, Paris 1963, p. 27.

[4] Citado por Marcel Reinhard, *L'armée et la Révolution pendant la Convention*, Centre de documentation universitaire, Paris 1957, p. 141.

[5] Citado por Marcel Reinhard, in *Le Grand Carnot*, Hachette, Paris 1994, p. 432.

[6] Jean-Yves Guiomar, *L'invention de la guerre totale, XVIIIe-XXe siècle*, Félin, Paris 2004, pp. 13-14.

[7] Cf. André Corvisier (ed.), *De la guerre réglée à la guerre totale*, 2 vol., CTHS, Paris 1997.

[8] Jean-Yves Guiomar, no seu livro, sublinha que «a análise apresentada por Carl Schmitt é de uma grande riqueza» (op. cit., p. 313).

[9] Schmitt cita aliás um general prussiano, segundo o qual a campanha conduzida por Napoleão contra a Prússia em 1806 poderia ser considerada como uma guerra de guerrilha em grande escala. Cf. Ernesto Laclau, «On "Real" and "Absolute" Enemies», in *CR: The New Centennial Review*, Primavera de 2005, pp. 1-12.

[10] Na *Nouvelle Gazette rhénane* de 7 de Novembro de 1848, Karl Marx citava já o «terrorismo revolucionário» como um dos meios a pôr em prática para obter a vitória. Mas é Lenine que fará da violência o ponto de partida inelutável da conquista do poder pelo proletariado. Com o advento da Rússia dos Sovietes, a palavra «terror» reencontra aliás durante algum tempo um certo apreço. Tendo regressado da União soviética, os comunistas Cachin e Frossard indicavam ter adoptado os «métodos de violência e de terror aos quais é obrigada a recorrer inevitavelmente uma classe que aspira à

tomada do poder» (*L'Humanité*, 3 de Agosto de 1920).

11 *Théorie du partisan*, op. cit., p. 224.

12 Ibid., pp. 257 e 303.

13 Ibid., p. 235.

14 Posfácio a Carl Schmitt, *Terre et Mer. Un point de vue sur l'histoire mondiale*, Labyrinthe, Paris 1985, pp. 108-109.

15 *Théorie du partisan*, op. cit., pp. 287 e 305.

16 David C. Rapoport, professor na Universidade da Califórnia em Los Angeles e fundador da revista *Terrorism and Political Violence*, distingue na história moderna quatro grandes vagas de terrorismo. A primeira, que começa na Rússia nos anos 1880 e se espalha rapidamente nos Balcãs e na Europa ocidental, é sobretudo obra de anarquistas. A passagem do século XIX ao XX será a «idade de ouro do assassinato político». Essas primeiras acções terroristas dos tempos modernos são associadas ao desenvolvimento da imprensa quotidiana, ao progresso dos meios de transporte e à invenção do telégrafo (cf. «Terrorisme et médiatisme», in *De defensa*, Bruxelas, 25 de Maio de 1998, pp. 16-19). A segunda vaga é a vaga anticolonialista, que começa por volta de 1920 e prossegue durante uma quarentena de anos, culminando por volta dos anos 1960. É esta que dará crédito à ideia de que os terroristas são antes de tudo «combatentes pela liberdade». A terceira vaga, de uma menor amplitude, é a das organizações de extrema-esquerda que, após a morte de «Che» Guevara, preconizam a guerrilha urbana: Brigadas vermelhas (Itália), Acção Directa (França), Fracção do Exército Vermelho (Alemanha) mas também Tupamaros (Uruguai), Montoneros (Argentina), etc. Esta vaga, hoje em dia enfraquecida na maior parte dos países ocidentais, sobrevive ainda no Nepal, no Peru, na Colômbia, etc. A última, é a actual vaga de um terrorismo global predominantemente «islamita». Vê generalizarem-se as acções suicidas, muito impropriamente chamadas «kamikazes» (uma vez que os kamikazes japoneses da Segunda Guerra mundial eram tropas perfeitamente regulares, que nunca para cúmulo visaram alvos civis), sem todavia os ter inventado (no

século XIX, o dinamiteiro era já frequentemente morto com a sua bomba). Certos autores fazem remontar esta última vaga ao Verão de 1968, data na qual a Frente Popular de Libertação da Palestina (FPLP) de Georges Habache desviou dois aviões da companhia israelita «El Al». Contudo, não se pode ainda nessa data falar de «terrorismo global». O ano de 1979 em contrapartida marcou uma viragem essencial, uma vez que assistiu (para além do começo de um novo século da era islâmica) quer à revolução iraniana quer à invasão do Afeganistão pelos Soviéticos. A revolução islâmica de Teerão foi essencialmente anti-americana, mas os Estados Unidos não hesitaram em apoiar e financiar os combatentes islâmicos afegãos, cuja acção iria resultar dez anos mais tarde, em 1989, na retirada do Exército Vermelho. Após a queda do Muro de Berlim e do desmantelamento do sistema soviético, certos combatentes islamitas formados no Afeganistão prosseguiram a sua luta na Argélia e nas antigas repúblicas soviéticas com forte população muçulmana (Chechénia, Uzbequistão, Quirguistão, Tajiquistão, Azerbaijão, etc.) depois no Iraque e noutros locais. Na época da guerra fria, os grupos terroristas eram frequentemente considerados como sendo manipulados pelo KGB soviético. O desaparecimento do KGB não fez contudo regredir o terrorismo, bem pelo contrário. Acerca da história do terrorismo, cf. também Joachim Schickel, *Guerilleros, Partisanen. Theorie und Praxis*, Carl Hanser, Munique 1970 (que dá um grande destaque às teses de Carl Schmitt); Walter Laqueur, *The Age of Terrorism*, Little Brown, Boston 1987; Alex P. Schmid e Albert J. Jongman (ed.), *Political Terrorism. A New Guide to Actors, Authors, Concepts, Theories, Data Bases, and Literature*, Transaction Books, New Brunswick 1988.

[17] Cf. Carl Schmitt, *Legalität und Legitimität*, Duncker u. Humblot, Munique-Leipzig 1932, última edição: Berlim 2006 (trad. fr.: *Légalité – légitimité*, Librairie générale de droit et de jurisprudence, Paris 1936, 2 ed.: «Légalité et légitimité», in Carl Schmitt, *Du politique. «Légalité et légitimité» et autres essais*, Pardès, Puiseaux 1990, pp. 39-79).

[18] É necessário contudo notar que, em teoria, os guerrilheiros, embora combatentes irregulares, se consideram a si próprios, como portadores de armamento visível, e de símbolos distintivos o que, normalmente, obriga os Estados a tratá-los como soldados.

[19] A expressão de «combatente pela liberdade» (*freedom fighter*), muito em voga na época das lutas anticoloniais, não começou senão a sair de uso muito recentemente. Foi somente no decorrer dos anos 1970 que a ONU adoptou as suas primeiras Convenções internacionais «tendo em vista a supressão dos atentados terroristas».

[20] O grupo terrorista judeu Irgun, animado por Menahem Begin, foi o primeiro a descrever-se a si próprio como um «combatente pela liberdade» lutando contra o «terror governamental», contrariamente ao grupo concorrente Lehi (grupo Stern) que reivindicava a etiqueta de «terrorista».

[21] Cf. Patrick Cockburn, «Clinton Backed Baghdad Bombers», in *The Independent*, Londres, 26 de Março 1996; Alain Gresh, «Croisade antiterroriste», in *Le Monde diplomatique*, Paris, Setembro de 1996.

[22] O desacordo entre Americanos e Europeus acerca da questão da qualificação aplicável a movimentos como o Hamas palestiniano ou o Hezbollah libanês é uma outra ilustração da dificuldade em estabelecer uma fronteira estanque entre «resistência» e «terrorismo». Segundo a lei israelita, as acções violentas cometidas pelos Palestinianos são crimes ou delitos, cujos autores não podem beneficiar do enquadramento legal que se aplica aos prisioneiros de guerra. Mas ao mesmo tempo, as represálias levadas a cabo contra eles são oficialmente qualificadas como actos de guerra, não entrando pois no campo da aplicação de indemnizações em caso de danos causados a terceiros, e não como actos de polícia que, no caso de tais danos, poderiam dar direito a indemnizações. Cf. a este respeito Henry Laurens, «La poudrière proche-orientale entre terrorisme classique et violence graduée du Hezbollah», in *Esprit*, Paris, Maio de 2005, pp. 141-149.

[23] As organizações político-criminais transnacionais movimentariam a cada ano cerca de 70 biliões de dólares, e reciclariam metade na economia mundial.

[24] Cf. Gérard Chaliand, «La mesure du terrorisme», in *Stratégique*, Paris, 1997, 2-3, p. 10.

[25] Segundo Bob Woodward, George W. Bush teria descrito os atentados do 11 de Setembro, no seu diário pessoal, como «o Pearl Harbor do século XX» (cf. Bob Woodward, *Plan of Attack*, Simon & Schuster, Nova Iorque 2004, p. 24).

[26] Acerca da relação entre terrorismo e globalização, e o fosso (*gap*) que esta última cria entre os países conectados a um «centro» globalizado e funcionando em rede (*functioning core*) e os outros, cf. especialmente Thomas P.M. Barnett, *The Pentagon's New Map. War and Peace in the Twenty-first Century*, Putnam, Nova Iorque 2004.

[27] A partir do ano 2000, a «mistura» (*blending*) do sistema de segurança interno e das estratégias militares foi apresentado nos Estados Unidos como o quadro global ideal da luta contra as ameaças terroristas (cf. Carolyn Pumphrey, ed., *Transnational Threats. Blending Law Enforcement and Military Strategies*, US Army War College, Novembro de 2000). O relatório de 2002 intitulado *The National Security Strategy* constata que «hoje em dia, a distinção entre os assuntos internos e os assuntos internacionais diminui» (p. 29). Os especialistas da luta contra o terrorismo recorrem por seu lado, e cada vez mais, aos conselhos de criminólogos (cf. Xavier Raufer, «Géopolitique et criminologie. Une féconde alliance face aux dangers du monde», in *Défense nationale et sécurité collective*, Maio de 2005). Acerca da noção de polícia internacional («Globo-Cop»), cf. Alessandro Dal Lago, *Polizia globale. Guerra e conflitti dopo l'11 settembre*, Ombre corta, Verona 2003.

[28] Rik Coolsaet, *Le mythe Al-Qaida. Le terrorisme, symptôme d'une société malade*, Mols, Bierges 2004, p. 113.

[29] Sobre este ponto, cf. Christopher Daase, «Terrorismus und Krieg. Zukunftsszenarien politischer Gewalt nach dem 11. September 2001», in Rüdiger Voigt (Hrsg.), *Krieg*

– *Instrument der Politik? Bewaffnete Konflikte im Übergang vom 20. zum 21. Jahrhundert*, Nomos, Baden-Baden 2002, pp. 365-389. Cf. também Richard Falk, «Thinking About Terrorism», in *The Nation*, 28 de Junho de 1986; Teodoro Klitsche de la Grange, «Osservazioni sul terrorismo postmoderno», in *Behemoth*, Roma, 30, 2001; Jörg Friedrichs, «Defining the International Public Enemy: The Political Struggle behind the Legal Debate on International Terrorism», in *Leiden Journal of International Law*, Leiden, XIX, 2006, 1, pp. 69-91.

[30] Mais de um século depois, o procurador-geral do presidente Woodrow Wilson pôs em marcha uma proposta visando expulsar por barco todos os anarquistas, independentemente mesmo da sua eventual implicação numa acção de tipo criminoso. Esta decisão provocou em 1920 um atentado à bomba contra Wall Street, no seguimento da qual as autoridades americanas adoptaram uma lei muito restritiva sobre as cotas de imigração concernentes aos cidadãos da Europa oriental e central.

[31] Pierre Mannoni, *Les logiques du terrorisme*, In Press, Paris 2004, p. 41. Após os atentados de 7 de Julho de 2005 em Londres, a BBC tinha aconselhado os seus jornalistas a nem sequer se referirem mais a «*terrorists*», mas a «*bombers*».

[32] 127. Michael Walzer, *De la guerre et du terrorisme*, op. cit., p. 80.

[33] Francesco Ragazzi, «"The National Security Strategy of the USA" ou la rencontre improbable de Grotius, Carl Schmitt et Philip K. Dick», art. cit.

[34] Immanuel Wallenstein, *Sortir du monde états-unien*, Liana Levi, Paris 2004, p. 66.

[35] Relatório *The National Security Strategy*, op. cit., p. 14.

[36] Percy Kemp, «Terroristes, ou anges vengeurs», in *Esprit*, Paris, Maio de 2004, pp. 21-22.

[37] *Ex captivitate salus*, Greven, Köln 1950, p. 89 (última edição: Duncker u. Humblot, Berlin 2002, trad. fr.: *Ex captivitate salus. Expériences des années 1945-1947*, J. Vrin, Paris 2003).

[38] Gilles Andréani, num texto intitulado «A guerra contra o terrorismo. A armadilha das palavras» (documento electrónico, 2004), mostra, também ele, que na expressão «guerra ao terrorismo», a palavra «guerra» não deixa de ser equivoca. Realça que o emprego desta palavra empola paradoxalmente o inimigo ao qual nos opomos, conferindo-lhe uma certa legitimidade, que é radicalmente contraditada pelo tratamento que lhe reservamos quando já o pusemos fora de combate, dado que não é considerado como prisioneiro de guerra, mas como um «combatente ilegal» sem uniforme, não sendo originário nem de um território preciso nem de um comando organizado. Outras dúvidas foram expressas por Michael Howard («What's in a Name. How to Fight Terrorism», in *Foreign Affairs*, Janeiro-Fevereiro 2002). Michael Walzer realça por seu lado, muito justamente, que a «guerra contra o terrorismo» é antes de tudo um «trabalho de polícia», mas que ao mesmo tempo faz uso de meios militares, enquanto que a polícia, salvo em casos de legítima defesa, «não está autorizada a matar civis, mesmo tratando-se de criminosos». «Se reflectirem, acrescenta ele, as regras do trabalho de polícia concernentes aos danos colaterais são muito mais constrangedoras do que aquelas que utilizam os soldados» («Terrorisme, morale et guerre juste», entrevista com Jean-Marc Flükiger, site < terrorisme. net >, 30 de Abril de 2006).

[39] *Théorie du partisan*, op. cit., p. 218.

[40] Art. cit., p. 20.

[41] Op. cit., p. 8.

[42] Ibid., p. 17.

[43] Op. cit., p. 29.

[44] «Os participantes de conflitos assimétricos são todos em definitivo "transnacionais", constata Zygmunt Bauman. Eles são-no também no seu comportamento: móveis, pertencentes a lugar nenhum, mudam facilmente de alvo e não reconhecem nenhuma fronteira» (*La société assiégée*, Le Rouergue/Chambon, Rodez 2005, p. 142, trad. de: *Society Under Siege*, Polity, Cambridge 2002). Ele acrescenta: «As

guerras verdadeiramente assimétricas são um acontecimento concomitante do processo de globalização. Talhadas à medida para o espaço global e lev unt Bauman, «Wars of Globalization Era», in *European Journal of Social Theory*, IV, 2001, I, pp. 11-28.

[45] Acerca da noção de guerra assimétrica, cf. Jorge Verstrynge, *La guerra periférica y el islam revolucionario. Orígenes, reglas y ética de la guerra asimétrica*, El Viejo Topo, Madrid 2005.

[46] Art. cit., p. 19. Zygmunt Bauman nota igualmente que o caminho percorrido pela civilização ocidental é constatável, entre outras coisas, «pela rapidez com que a vontade de sacrificar a sua vida por uma causa se viu condenada e classificada como sintoma de fanatismo religioso, atraso cultural ou barbárie, por países que, durante muitos séculos, apresentaram o martírio por uma causa como sendo prova de santidade e dando direito à beatificação» (*La société assiégée*, op. cit., p. 148).

[47] No espaço de três decénios, o terrorismo causou a morte de pouco menos de 20 000 pessoas.

[48] Op. cit., p. 10.

[49] «A Definitional Focus», in Yonah Alexander e Seymour Maxwell Finger (ed.), *Terrorism. Interdisciplinary Perspectives*, John Jay Press, Nova Iorque 1977, p. 21.

[50] «L'état d'urgence permanent», art. cit., p. 96.

[51] Cf. Yonah Alexander e Richard Latter (ed.), *Terrorism and the Media. Dilemmas for Government, Journalists and the Public*, Brassey's, Washington 1990; Pierre Mannoni, *Un laboratoire de la peur: terrorisme et médias*, Hommes et perspectives, Marselha 1992.

[52] Rüdiger Safranski, *Quelle dose de mondialisation l'homme peut-il supporter?*, Actes Sud, Arles 2005, p. 84.

[53] «Qu'est-ce que le terrorisme?», entr. cit., p. 16.

[54] George W. Bush, escreve François-Bernard Huyghe, «é o primeiro a conduzir o seu principal combate contra um perigo que não reside no poderio do império adverso, mas na perversidade moral de um grupo invisível» («Le terrorisme, le mal et la démocratie», in *Le Monde*, Paris, 18 de Fevereiro

105

de 2005).

[55] Cf. Ulrich Beck, *Risikogesellschaft. Auf dem Weg in eine andere Moderne*, Suhrkamp, Frankfurt/M. 1986 (trad. fr.: *La société du risque*, Aubier, Paris 2001). Cf. também Jane Franklin (ed.), *The Politics of the Risk Society*, Polity Press, Oxford 1998; Corey Robin, *La peur. Histoire d'une idée politique*, Armand Colin, Paris 2006.

[56] Art. cit., p. 97. Cf. também Enrique Dussel, «Estado de guerra permanente y razón cinica», in *Herramienta. Revista de debate y crítica marxista*, 21, Inverno-Primavera 2002-03.

[57] «O terrorismo global leva ao extremo dois aspectos, observa por seu lado Jürgen Habermas: a ausência de objectivos realistas e a capacidade de tirar benefícios da vulnerabilidade de sistemas complexos, (entrevista com Giovanna Borradori, in *Le Monde diplomatique*, Paris, Fevereiro de 2004, p. 17).

Do «Caso de Urgência» ao Estado de Excepção Permanente

Face ao terrorismo, a velha doutrina do «*containment*» tornou-se obsoleta. A luta contra o terrorismo tornou-se numa luta ofensiva e preventiva. Implica um direito de perseguição ilimitada que, ao autorizar o perseguidor a transpor as fronteiras, lhe permite simultaneamente afirmar a sua hegemonia no mundo[1]. Mas ela decorre também da urgência, e desemboca por esse facto no estado de excepção. Característica dos «tempos de aflição», o estado de excepção assemelha-se a esse «estado de necessidade» que o historiador Theodor Mommsen punha em paralelo com a legítima defesa. No estado de excepção, um Estado encontra-se subitamente confrontado com um perigo extremo, com uma ameaça mortal à qual não pode fazer face senão recorrendo a meios que seriam injustificáveis em tempo normal, por comparação com as suas próprias normas. A situação de urgência ou estado de excepção define-se por outros termos como a ocorrência brutal de acontecimentos raros ou de situações imprevisíveis que, dado o facto do seu carácter ameaçador, exigem que se lhes faça face imediatamente por meio de medidas, elas mesmo excepcionais (restrição das liberdades, lei marcial, estado de sítio, etc.), consideradas como as únicas adaptadas à situação.

Ora, a noção de «caso de urgência» (*Ernstfall*) ou de estado de excepção (*Ausnahmezaustand*) desempenha um papel central na teoria política e constitucional de Carl Schmitt, onde se liga à sua crítica do liberalismo[2]. Para Schmitt sendo a excepção imprevisível, é vão acreditar que se possa previamente determinar os meios que permitirão responder-lhe. O liberalismo, quer se inspire no formalismo neokantiano ou no positivismo kelseniano, não pode compreender a natureza da excepção nem fazer-lhe face sem se trair a si próprio porque adere a uma concepção estritamente procedimental ou jurídico-formal da ordem social, que pretende que uma regra ou uma norma pré-estabelecida se possa aplicar a não importa qual situação, o que desmente a experiência histórica.

Suspendendo a norma legal, acrescenta Carl Schmitt, a excepção ajuda a melhor compreender a natureza do político, no sentido em que demonstra onde reside a soberania, significando tal a capacidade, concreta, de decidir face a uma situação. O Estado de excepção revela simultaneamente a instância e o lugar da soberania, ao mesmo tempo que faz aparecer a decisão (*Entscheidung*) na sua «pureza absoluta». Ora, constatamos, ainda aqui, que a instância política soberana não se confunde automaticamente com o Estado. «*Souverän ist, wer über den Ausnahmezustand entscheidet*», escreve Carl Schmitt. Esta fórmula doravante célebre pode compreender-se de duas maneiras: é soberano aquele que decide em caso de excepção, mas é soberano igualmente aquele que decide acerca da própria excepção, quer isto dizer quem decide que se saiu de uma situação normal e que a regra já não se pode aplicar. Há pois uma ligação estreita entre a excepção e a decisão, que Schmitt identifica com a «causa primeira» de toda a sociedade ou entidade política. Schmitt vê na decisão em caso de excepção (ou de urgência) a mais pura expressão do acto político: a suspensão das normas legais em caso de excepção constitui a manifestação última da soberania política. A soberania, sublinha, não é com efeito tanto o poder de fazer a lei quanto o poder de a suspender. Mas enganar-nos-íamos ao interpretar esta afirmação como uma apologia do arbitrário. Por um lado, Schmitt sublinha que decidindo num caso de excepção, o soberano não é de forma nenhuma tornado livre pelas circunstâncias para agir a seu bel-prazer, mas que é, pelo contrário, obrigado a agir de maneira conforme às responsabilidades que são as suas. Por outro lado, afirma que a excepção define a regra no sentido em que não se pode compreender uma regra sem ter em consideração os seus limites, quer isto dizer as circunstâncias que a podem tornar inaplicável. Noutros termos: quem decide da derrogação da norma fixa igualmente a norma. «A excepção é mais interessante que a regra, escreve Schmitt na sua *Teologia Política*. A regra não prova nada; a excepção prova tudo: ela confirma não somente a regra mas também a sua existência, a qual não deriva senão da excepção».

O estado de excepção é igualmente importante porque faz sobressair o carácter originalmente não normativo da lei. Aliás não é o direito (*Recht*) enquanto tal que é suspenso no estado de excepção, mas somente o elemento normativo da lei (*Gesetz*). O estado de excepção revela por tal o carácter existencial da lei. A excepção é essencial, não porque ela é rara, mas porque é imprevisível. Tal como o próprio inimigo, que não pode ser determinado à priori por uma norma geral pré existente, dado que a inimizade está sempre ligada ao contexto concreto do momento, esta não pode pois ser codificada previamente. Religando o direito à sua fonte não jurídica, na ocorrência a decisão soberana, Schmitt contesta toda a forma de racionalismo constitucional, nomeadamente a teoria do Estado de direito ou a teoria positivista, segundo as quais o soberano deve ser, em todas as circunstâncias, respeitador das regras do direito. A sobrevinda de uma situação de excepção, com aquilo que implica, mostra que isto não é simplesmente possível de todo, uma vez que a norma não pode prever a excepção. Uma Constituição fica neste sentido sempre incompleta. No melhor dos casos pode prever uma situação na qual ela não mais se aplicaria.

Mas Schmitt realça também que a excepção é por definição excepcional, quer isto dizer que ela não poderia transformar-se num estado, de facto, permanente. A excepção é para a regra ou para a norma o que a guerra é para a paz. Tal como na antiga ditadura romana, a suspensão da norma pelo soberano não pode ser senão provisória. Ela pode, também, abrir um novo círculo de direito. No seu livro sobre *La dictature*[3], Schmitt diz aliás claramente que a ditadura, que se pode justificar em certos casos de excepção, suspende as normas em vigor mas não altera a ordem legal, ou a natureza do Estado, o que significa que não tem legitimidade senão enquanto, não obstante, visar restaurar a ordem legal existente anteriormente. A ditadura permanece assim constitucional: a suspensão da ordem legal não significa a sua abolição[4]. Na situação excepcional, se o Estado suspende as regras do direito, é porque tem em vista a sua conservação. A decisão sobre a excepção resulta da decisão acerca das condições concretas de aplicação da norma. «É preciso que uma situação normal seja criada, escreve Schmitt, e é soberano quem decide definitivamente se essa situação normal existe realmente»[5].

A teoria do caso de excepção mostra o carácter sempre eminentemente *concreto* do pensamento schmittiano: se recusa as teorias formais abstractas, é porque é em primeiro lugar escrupuloso com o contexto (e aqui, é necessário recordarmo-nos que Schmitt enunciou primeiramente a sua doutrina tomando em consideração as circunstâncias perturbadoras atravessadas pelo seu próprio país, a partir de 1917-19). Na Constituição de 1919 da República de Weimar, é o célebre artigo 48, ao qual Schmitt consagrou numerosos escritos, que define o estado de urgência no sentido constitucional do termo. Este artigo, bastante comparável ao artigo

16° da Constituição da V República francesa, atribui ao presidente poderes extraordinários para fazer face a situações de excepção, inclusive o direito de apelar às forças armadas para conjurar[a] uma grave perturbação ou desordem interna. Este artigo 48 foi invocado mais de 250 vezes em Weimar[6]!

Mas a noção de estado de excepção não é evidentemente própria da Alemanha (ou da França). Um estudo publicado em 1978 estimava que pelo menos 30 países viviam, à data, em regime de estado de urgência[7]. A Constituição Americana prevê a suspensão do *habeas corpus* «no momento que, em caso de rebelião ou invasão, a segurança pública o possa exigir» (art. I, § 9, cl. 2), mas em vez de fazer dele um privilégio do poder executivo, atribui o poder suspensivo ao Congresso. Durante a guerra da secessão, Abraham Lincoln decidiu suspender o *habeas corpus*, sem mesmo o requerer ao Congresso, tal como, após o ataque a Pearl Harbor, Franklin D. Roosevelt fez internar em campos, a título preventivo, os Americanos de origem japonesa. Na época da Guerra Fria, a confrontação com a União Soviética levou igualmente os Estados Unidos a adoptar certas medidas de excepção tidas como justificadas por exigências de «segurança nacional». Podemos citar aqui o *National Security Act* de 1947 que, desde então, coloca a noção de «segurança nacional» no centro das preocupações americanas em matéria de política externa. Os efeitos constitucionais da Guerra Fria foram bastas vezes estudados[8]. Devemos referir que se exerceram também no domínio da política interna, na época do maccarthismo, tendo como consequência uma reinterpretação sistemática dos direitos dos cidadãos americanos e a adopção de procedimentos de vigilância visando, no seio destes, os que eram suspeitos de simpatias comunistas. O *Internal*

---

[a] NDT: No preciso sentido de evitar, afastar ou desviar um mal iminente.

Security Act de 1950 previa mesmo a criação de seis campos de internamento provisórios utilizáveis em caso de urgência (que não foram nunca empregues com esse fim). Entre 1950 e 1970, o Congresso adoptou não menos de 470 disposições destinadas a reforçar o poder executivo para fazer face a situações excepcionais. Nenhuma destas disposições foi ab-rogada depois do desmantelamento do poder soviético.

As medidas tomadas pelo governo americano no seguimento dos atentados de 11 de Setembro de 2001 têm pois precedentes. Mas têm também características particulares, que as afastam radicalmente do «modelo» schmittiano. Na medida em que pretendem fazer face a um perigo, o terrorismo global, ao qual as autoridades dos Estados Unidos declararam uma guerra que, vimos anteriormente, se arrisca fortemente a não ter fim, tendem perante toda a evidência a institucionalizar-se de maneira definitiva, quer isto dizer a perdurarem indefinidamente. O estado de excepção deixa então de ser excepcional para se tornar permanente.

Para certos autores, o desenvolvimento do terrorismo podia, desde antes do 11 de Setembro, justificar que fosse decretado o estado de excepção[9]. Depois desta data, em todo o caso, as coisas aceleraram-se. Imediatamente após os atentados, George W. Bush decretou estado de urgência, enquanto que o Congresso dos Estados Unidos adoptava uma resolução autorizando o presidente «a fazer uso de toda a força necessária e apropriada contra as nações, as organizações ou as pessoas que se viesse a averiguar terem planificado, permitido, realizado ou facilitado os ataques terroristas que se produziram a 11 de Setembro de 2001, ou que tivessem dado refúgio a essas organizações ou a essas pessoas, a fim de prevenir todo o acto de terrorismo internacional contra os Estados Unidos, cometidos por tais nações, organizações ou pessoas»[10]. Um mês mais tarde, a 24 de Outubro de 2001, o *USA Patriot Act* (acrónimo para «Uniting and Strengthening America by Providing Appropriate Tools Required to Intercept and Obstruct Terrorism») foi aprovado por uma esmagadora maioria pela Câmara dos Representantes. Este autorizava nomeadamente o FBI a efectuar investigações secretas sobre a vida privada das pessoas suspeitas de terrorismo, a vasculhar, ignorando-o estes, os seus computadores graças a software de vigilância, a conservar indefinidamente os registos das suas navegações na Internet. Autorizava também o ministério da Justiça a prender e a colocar em detenção todo o estrangeiro suspeito de colocar em perigo a segurança nacional[11]. Enfim, a 13 de Novembro de 2001, o presidente Bush assinava igualmente uma ordem («*Military Order*») prevendo o julgamento dos presumidos terroristas por um tribunal militar especial e a manutenção dos suspeitos em detenção ilimitada.

Estas diferentes leis de excepção permitiram prender e deter suspeitos por tempo indeterminado, deportá-los, aprisioná-los em celas de isolamento sem inculpação nem processo, e efectuar buscas no seu domicílio sem a sua autorização. Resultaram na criação de zonas de não-direito e na supressão do estatuto jurídico de certas pessoas. O FBI e a National Security Agency (NSA) viram ser-lhes com efeito outorgadas competências ilimitadas, escapando a todo o controlo judiciário, em matéria de vigilância de comunicações tanto no território nacional como no estrangeiro. Mais de 1200 estrangeiros puderam assim ser presos por mera suspeição. Quatro meses mais tarde, 900 deles estavam ainda encarcerados, sem que nenhuma acusação precisa fosse deduzida contra eles, sem nunca terem sido presentes a um juiz nem terem tido a possibilidade de se fazerem assistir por um advogado[12]. A «*Military Order*» de 13 de Novembro previa por seu lado que as fontes da acusação se pudessem manter secretas, não dispondo os acusados de qualquer recurso e sendo os direitos da defesa «severamente limitados». Os processos desenrolar-se-iam à porta fechada, em bases militares ou em navios de guerra. A sentença seria pronunciada por uma comissão composta unicamente por oficiais, já não sendo necessária a unanimidade para condenar os acusados à morte, e o veredicto inapelável. O procedimento judicial seria mantido secreto, e as conversações do acusado com o seu advogado poderiam ser gravadas clandestinamente.

Uma das consequências mais chocantes deste leque de medidas foi o internamento num campo situado na base militar de Guantanamo, em Cuba, de várias centenas de detidos (de mais de 40 nacionalidades diferentes) susceptíveis de aí serem confinados indefinidamente sem inculpação, sem nem mesmo saberem do que eram acusados, não podendo ter acesso a um advogado nem beneficiar das disposições da Convenção de Genebra relativas ao tratamento dos prisioneiros de guerra[13]. Para estes detidos, feitos prisioneiros no Afeganistão, no Iraque ou noutro lado, foi criado um estatuto de «inimigos combatentes ilegais» destituído de todo o valor ou conteúdo jurídico. Internados sem julgamento, os prisioneiros de Guantanamo não são, com efeito, nem detidos de direito comum, nem prisioneiros políticos, nem prisioneiros de guerra. Muitos de entre eles foram vítimas de maus-tratos e de brutalidades. Alguns deles foram de seguida transferidos para países aliados pouco observadores dos direitos do homem para aí serem sistematicamente torturados[14]. O campo de Guantanamo é com efeito, do ponto de vista jurídico, uma «zona cinzenta» de toda a forma comparável às «zonas cinzentas» onde agem os narcotraficantes. O relatório anual de 2005 da Amnesty

[b] NDT- Em inglês no original.

115

International[b] tornado público a 25 de Maio de 2005, não hesitou em descrevê-lo como «o Gulag da nossa época»[15.]

Em nome da luta contra o terrorismo e da união sagrada contra um perigo eminente comum, numerosas liberdades públicas foram pois suspensas na América. «As liberdades civis foram limitadas, escreve Jean-Claude Marguerie, presidente do Tribunal de grande instância de Paris, e as garantias contra as violações dos direitos fundamentais consideravelmente reduzidas. Milhares de suspeitos, Americanos e ainda mais estrangeiros, encontraram-se privados de toda a defesa, de todo o direito, de todo o julgamento»[16]. De seguida, não deixou de ser mantido um clima de medo, favorecendo, em muitas ocasiões, novos atentados às liberdades das pessoas. Da parte dos poderes públicos, a alegação mais corrente foi a das «ameaças» que pesam sobre a «segurança nacional», dois conceitos que evocam, é certo, a urgência ou a excepção, mas que permanecem tanto um como o outro igualmente fluidos, o que facilita a sua instrumentalização política e jurídica, assim como a sua utilização como um pretexto para restringir as liberdades. Constatamos, aliás, o alargamento constante deste conceito de «segurança nacional», que possuía no início uma ressonância essencialmente militar, mas que gradualmente veio a englobar todos os domínios da vida social ou internacional.

A luta antiterrorista faz, para mais, ressurgir infalivelmente a questão de saber se as democracias podem, a título excepcional, utilizar contra os terroristas métodos que reprovam em tempo normal. O primeiro desses métodos é evidentemente a tortura[17]. As torturas da prisão de Abu Ghraib não decorrem com efeito somente da «cultura do impudor» denunciada por Susan Sontag. Disso dão testemunho os debates que se seguiram à publicação dos livros de Paul Berman, *Terror and Liberalism*, e de Michael Ignatieff,

The Lesser Evil[18]. Ignatieff, director do Carr Center for Human Rights da Universidade de Harvard, traz bem à luz a maneira pela qual o terrorismo leva muita gente a considerar proporcionalmente como fraquezas os traços característicos das democracias liberais, na mesma medida em que deles anteriormente mostravam ter o maior orgulho (tolerância, pluralismo, respeito das liberdades, etc.). Observando que «os direitos do homem não são um sistema de absolutos indivisíveis», sublinha que as democracias devem certamente proteger os direitos individuais, mas também garantir a sua existência colectiva, tarefas que não se conciliam sempre facilmente[19].

Kim Lane Scheppele mostra por seu lado que as medidas de excepção decididas pela administração Bush foram tomadas, não somente, tendo em consideração um estado de excepção à escala nacional, mas também à escala internacional, e sobretudo, que essas medidas não cessaram de proliferar. O ponto importante é evidentemente este. Enquanto que no caso de excepção do tipo «clássico», tal como o definia Carl Schmitt, as medidas adoptadas para fazer face a uma situação de urgência são geralmente de curta duração, de maneira a permitir um retorno progressivo à normalidade, no caso das medidas tomadas no seguimento do 11 de Setembro, vimos, pelo contrário, instalar-se todo um dispositivo de excepção que de seguida se reforçou constantemente. «Os maiores abusos, escreve Scheppele, produziram-se quando nos afastávamos do 11 de Setembro, com excepções constitucionais cada vez mais consideráveis, que beneficiaram da aprovação activa quer do Congresso quer dos tribunais»[20].

Esta conclusão é partilhada por numerosos observadores[21]. Estes constatam em primeiro lugar que a definição de terrorismo dada pelos poderes públicos é muito extensiva, dado que leva em conta tanto os actos como as intenções. Esta indeterminação permite criminalizar facilmente certos comportamentos, generalizar a suspeição, justificar as medidas de detenção preventiva, limitar a comunicação entre os acusados e os seus advogados, etc. Na medida em que visa em primeiro lugar qualquer suspeito, a legislação antiterrorista aplica-se por inerência a toda a população, o que acarreta uma verdadeira subversão do direito penal. Mas a luta do «Bem» contra o «Mal», temática tão frequente do discurso público dos Estados Unidos, tem também uma função de derivação. Mascara a insegurança social e projecta para o exterior as contradições internas do país que dela se reclama. O discurso sobre a «segurança interna» é um prolongamento do discurso sobre a «segurança nacional» sendo como tal apresentado à sociedade civil. A utilização da palavra «segurança» num sentido cada vez mais amplo é acompanhada duma tendência para subtrair ao debate público todos os problemas que lhe são referentes, terminando assim numa nova forma de «despolitização». Os ataques às liberdades são tornados possíveis pela expectativa dos cidadãos em matéria de segurança: o desejo de segurança prima sobre o desejo de liberdade. E prima tanto mais quanto vivemos num mundo onde as ameaças são simultaneamente omnipresentes e pouco identificáveis. Paralelamente, a luta contra o terrorismo permite, à escala internacional, reforçar a autoridade da potência dominante americana, apresentada como a mais bem colocada para assegurar uma «protecção global»[22].

Enfim, o terrorismo volta a dar ao Estado, que parecia cada vez mais ferido de impotência face aos empreendimentos globais e aos desafios planetários ligados à mundialização, uma legitimidade e um papel novos. Não nos alongaremos sobre este assunto, mas podemos perguntar-nos se o Estado, o qual Carl Schmitt já tinha claramente visto, desde os anos 30, que deixaria de ser no futuro o lugar privilegiado do político, não está em vias de encontrar uma nova legitimidade enviesada através da sua suposta aptidão para assegurar a segurança e nomeadamente em lutar contra o terrorismo. É nesse quadro que é preciso situar as medidas de excepção adoptadas recentemente nos Estados Unidos e noutros lados. Estas têm, por um lado, evidentes prolongamentos à escala internacional, exigindo a luta contra o terrorismo uma cooperação transnacional das forças de polícia e dos serviços de informação (e desse ponto de vista, a luta antiterrorista inscreve-se perfeitamente no quadro da globalização). Mas por outro lado, voltam a dar incontestavelmente um papel a uma estrutura estatal que se encontrava em vias de se tornar cada vez mais obsoleta, encontrando as elites nacionais «na guerra antiterrorista uma via de eleição para eternizarem o seu poder e introduzirem um largo leque de leis que lhes permita impor-se tanto aos seus inimigos quanto à sua própria sociedade civil»[23]. O Estado, noutros termos, já não é legitimado senão pela segurança e, ao mesmo tempo, apoia-se sobre o irreprimível desejo de segurança para reforçar o seu ascendente restringindo as liberdades. Como bem o notou Jean Baudrillard, a verdadeira vitória do terrorismo é ter precipitado o Ocidente inteiro num clima de medo e na obsessão da segurança, que não é mais do que uma forma velada de terror permanente[24].

Em todo o caso não nos espanta que o nome de Carl Schmitt tenha sido frequentemente citado nestes comentários ou nestas críticas. «O atentado de 11 de Setembro de 2001, observa Jean-Claude Monod, confirma talvez a ligação pressentida por Schmitt entre a compreensão, literalmente, teológica do inimigo e a figura do "guerrilheiro motorizado", que consegue, na ocorrência, voltar contra a potência emblemática o próprio elemento do seu poder, o ar»[25]. Embora hostil às ideias de Schmitt, o autor não re-

alça menos por isso que a crítica do jurista alemão toma
«uma actualidade particularmente gritante quando a Casa
Branca decreta a doutrina da "guerra preventiva", transgre-
dindo as regras do direito internacional para travar uma
"guerra pela paz" que se enuncia em termos teológicos
como "cruzada" e afrontamento contra o "Eixo do mal"»[26].

As legislações antiterroristas, escreve por seu lado
Jean-Claude Paye, «asseguram o domínio do procedimento
de excepção. Assim, o papel tradicional do procedimento penal é invertido. Em lugar de ser o quadro protector das diferentes liberdades públicas e privadas, torna-se no meio pelo
qual estas são sistematicamente violadas. Neutralizando as
diferentes garantias constitucionais, procede a uma suspensão do direito (...) a mutação é tão significativa que conduz
à subversão da norma, as derrogações tornam-se a regra. O
procedimento de excepção substitui-se à Constituição e à
lei»[27]. «O quadro da luta antiterrorista, acrescenta, dá uma
nova força à teoria schmittiana da soberania, fundada sobre
a decisão acerca daquilo em que consiste a excepção (...) a
luta antiterrorista faz da suspensão do direito um acto fundador de uma Constituição imperial. A instalação de uma tal
ordem jurídica dá uma nova dimensão à tese fundamental
de Schmitt: a decisão sobre a excepção como acto constitutivo da soberania. As recentes medidas antiterroristas dão-lhe
razão na sua caracterização do estado de excepção como ins-
crição da derrogação no direito. Podemos mesmo dizer que
elas dão a sua verdadeira dimensão à tese schmittiana da manutenção da ordem jurídica através da decisão concernente
à excepção (...) a luta antiterrorista é o ponto mais avançado
na instalação de um estado de excepção ao nível mundial»[28].

Segundo Schmitt, a separação entre exterior e interior
opera-se normalmente pela instância que constitui o Estado.
No exterior, o Estado tem a possibilidade de fazer a guerra,

enquanto que no interior ele deve instaurar a concórdia e um modo de vida social regulado pelo direito. Poderíamos dizer desse ponto de vista que a distinção interior/exterior corresponde, pelo menos em parte, à da norma e à da excepção. Quando essa distinção é abolida, a excepção pode igualmente bem ser instaurada no interior. É o que se passa cada vez que se designa um «inimigo interno» ou que se acusa cidadãos de serem os cúmplices de um inimigo externo. O estado de excepção consiste aqui em importar a lógica da guerra, que não reina normalmente senão no exterior, para o interior da sociedade, suspendendo as regras do direito.

Mas a doutrina do estado de excepção pode também ser utilizada para apresentar a «normalidade» político-jurídica como uma espécie de excepção continuada. É esta dimensão crítica da ordem jurídica liberal como portadora de uma desordem reprimida ou de uma violência repressiva mascarada que foi sobretudo retida por autores como Giorgio Agamben, Tonio Negri ou Etienne Balibar[29]. Desemboca na ideia de excepção como norma permanente: para Agamben, a prática de governação fundada em procedimentos de excepção já se substituiu aos procedimentos democráticos e às normas do Estado de direito[30]. O actual estado de excepção não seria então mais do que a revelação, à plena luz do dia, de uma tendência latente anterior, que já tinha sido bem estudada por Louis Althusser ou Michel Foucault.

Contudo o estado de excepção, a partir do momento em que se generaliza ou se torna permanente, perde simultaneamente o seu carácter de excepção. Pierre Hassner escreve que «distinguimos (...) os governos tirânicos dos outros segundo a maneira pela qual utilizam a situação excepcional para a tornar permanente em lugar de visar o retorno à normalidade e ao respeito do direito»[31]. Se a adopção de medidas de excepção pelos Estados Unidos parece responder ao modelo schmittiano, desmentindo paradoxalmente a ideia, igualmente sustentada por Carl Schmitt, que os regimes «liberais» são por natureza incapazes de fazer face ao estado de excepção, o facto de nos encaminharmos em direcção ao estado de excepção permanente, afasta-se consideravelmente deste modelo. A permanência do estado de excepção, *a excepção sem excepção*, não é schmittiana[32]. Mas é ainda o pensamento de Schmitt que permite compreender como se opera a sua instauração, na ocorrência por uma concepção de inimizade oriunda da teologia e da «moral». A lição que é preciso tirar daí é que os regimes liberais são perfeitamente capazes de tomar medidas de excepção, mas que tendem a transformar a excepção em regra sob a influência da sua concepção do inimigo (e também, bem entendido, devido às condições de beligerância do momento). Agamben cita a este propósito a opinião visionária de Walter Benjamin, segundo o qual «o que é doravante efectivo, é o estado de excepção em que vivemos, não sabendo já distingui-lo da regra»[33]. «O que, no passado, provinha da excepção torna-se hoje o estado normal ou permanente», escreve no mesmo espírito Robert Kurz[34].

[1] «Recolhendo o testemunho de outras formas de ingerência menos consensuais ou menos eficazes (humanitária, direitos do homem, guerra contra a droga ou o crime organizado), (a luta antiterrorista) permite encarar, de novo, uma expansão à escala planetária, escreve Percy Kemp. Neste sentido, ela faz figura de contraponto guerreiro ao mercado económico mundial»

[2] Esta noção é particularmente estudada no primeiro dos quatro capítulos da *Théologie politique* de 1922: *Politische Theologie. Vier Kapitel zur Lehre von der Souveränität*, Duncker u. Humblot, Munique-Leipzig 1922 (última edição: Berlim

2004, trad. fr.: «Théologie politique. Quatre chapitres sur la théorie de la souveraineté», in *Théologie politique 1922, 1969*, Gallimard, Paris 1988, pp. 9-75). Para uma critica apoiando-se na realidade recente cf. Tom Sorell, «Schmitt's and Hobbesian Politics of Emergencey», in Luc Foisneau, Jean-Christophe Merle e Tom Sorell (Hrsg.), *Leviathan Between the Wars. Hobbe's Impact on Early Twentieth Century Political Philosophy*, Peter Lang, Frankfurt/M. 2005, S. 95-107. Para uma abordagem geral da questão no quadro do direito constitucional alemão, cf. András Jakab, «German Constitutional Law and Doctrine on State of Emergency – Paradigms and Dilemmas of a Traditional (Continental) Discourse», in *German Law Journal*, Maio de 2006, pp. 453-477.

[3] *Die Diktatur. Von den Anfängen des modernen Souveränitätsgedankens bis zum proletarischen Klassenkampf,* Duncker u. Humblot, München-Leipzig 1921 (última edição: Berlim 1994, trad. fr.: *La dictature*, Seuil, Paris 2000).

[4] Encontramos a mesma ideia em Maquiavel (quando cita o exemplo de Cincinnatus) e, na época moderna, na célebre obra de Clinton L. Rossiter, *Constitutional Dictatorship. Crisis Government in the Modern Democracies*, Princeton University Press, Princeton 1948.

[5] *Théologie politique*, op. cit., p. 23.

[6] Notar-se-á todavia que as condições de aplicação deste artigo permaneceram sempre nebulosas, visto que o artigo 48 estipulava que a declaração de estado de urgência pelo presidente devia ser ratificada pelo Parlamento, enquanto que o artigo 25 dava ao presidente o direito de dissolver o parlamento...

[7] John Ferejohn e Pasquale Pasquino, «The Law of the Exception. A Typology of Emergency Powers», in *International Journal of Constitutional Law*, 2004, 2, pp. 210-239, vão ao ponto de fazer da possibilidade constitucional de suspender a lei um traço característico da «tradição jurídica ocidental não absolutista». Em 1948, Clinton L. Rossiter, escreve no seu livro *Constitutional Dictatorship*: «Nenhum sacrifício

é demasiado grande para a nossa democracia, nem mesmo o sacrifício temporário da própria democracia» (op. cit., p. 134). Enumera, de seguida, onze condições para que uma ditadura temporária permaneça constitucional. Estas opiniões foram recentemente discutidas por David Dyzenhaus num texto intitulado «Schmitt v Dicey: Are States of Emergency Inside or Outside the Legal Order?». Cf. também G.L. Negretto e J.A.A. Rivera, «Liberalism and Emergency Powers in Latin America. Reflections on Carl Schmitt and the Theory of Constitutional Dictatorship», in *Cardozo Law Review*, Nova Iorque, 2000, 5-6, pp. 1797-1824; Bruce Ackerman, «The Emergency Constitution», in *Yale Law Journal*, CXIII, 2004, pp. 1029-1076.

[8] Cf. especialmente Daniel Yergin, *Shattered Peace. The Origins of the Cold War and the National Security State*, Houghton Mifflin, Boston 1977.

[9] Cf. William B. Scheuerman, «Globalization and Exceptional Powers. The Erosion of Liberal Democracy», in *Radical Philosophy*, 1999; Oren Gross, «On Terrorism and Other Criminals. States of Emergency and the Criminal Legal System», in Eliezer Lederman (ed.), *New Trends in Criminal Law*, 2000.

[10] *War Powers Resolutions*, proclamação n° 7463, 14 de Setembro de 2001.

[11] Em Novembro de 2003, o Congresso votou uma emenda ao *Patriot Act* («*Patriot II*») que permite às agências federais exigir dos fornecedores de acessos à Internet informações pessoais sobre qualquer internauta sem serem submetidas a nenhum controlo judicial. Além disso, o «*Domestic Security Enhancement Act*» de 2003 permite retirar a nacionalidade americana a todo o cidadão acusado de terrorismo, concedendo assim às autoridades um poder discricionário no que ao reconhecimento da cidadania diz respeito. As disposições previstas pelo *Patriot Act* foram renovadas em 2005. Para ver estas medidas em detalhe cf. Kim Lane Scheppele, «Law in a Time of Emergency: States of Exception and the Temptations of 9/11», in *Journal of Constitutional Law*, Maio

de 2004, pp. 175 (texto republicado em Outubro 2004 sob forma de brochura, University of Pennsylvania Law School, Scholarship at Penn Law, Paper 55). O autor precisa que examinou as circunstâncias nas quais estas medidas foram tomadas «à luz dos escritos de Carl Schmitt sobre a natureza do estado de excepção».

[12] Em Inglaterra, a *Anti-Terrorism Crime and Security Act* de 2001 permitia também encarcerar indefinidamente os estrangeiros suspeitos de terrorismo. Um acórdão dos *«Lords judges»* (NDT: em Inglaterra e na Commonwealth juízes de tribunais de instâncias superiores) declarou em seguida ilegal a sua detenção sem inculpação ou processo.

[13] As convenções de Haia e de Genebra estipulam especialmente que as populações civis não devem nunca ser tomadas como alvos, que os prisioneiros devem ser assistidos e bem tratados, que certas armas são proibidas, etc. No que concerne às pessoas suspeitas de terrorismo, estas posições foram oficialmente decretadas «obsoletas» por Alberto Gonzalez, conselheiro da Casa Branca, que de seguida se tornaria ministro da Justiça. A propósito da guerra no Iraque, Michael Walzer nota que «o Pentágono de Rumsfeld entregou prisioneiros iraquianos a reservistas que nunca ouviram falar da Convenção de Genebra» (*De la guerre et du terrorisme*, op. cit., p. 216).

[14] Cf. Stephen Grey, «Délocalisation de la torture», in *Le Monde diplomatique*, Paris, Abril de 2005, pp. 1 e 10-11.

[15] Sobre a prisão de Guantanamo, cf. Emmanuelle Bribosia e Anne Weyembergh, *Lutte contre le terrorisme et droits fondamentaux*, Bruylant, Bruxelas 2003; David Abraham, «The Bush Regime from Elections to Detentions: A Moral Economy of Carl Schmitt and Human Rights», University of Miami, Outubro de 2006; David P. Forsythe, «United States Policy toward Enemy Detaines in the "War on Terrrorism"», in *Human Rights Quarterly*, Baltimore, 2006, pp. 465-491; Moazzam Begg e Victoria Brittain, *Enemy Combatant*, Pocket Books, Londres 2006. Cf. também Erik Saar e Viveca Novak, *Inside the Wire. A Military Intelligence*

Soldier's Eyewitness Acount of Life at Guantánamo, Penguin
Press, Londres 2005. Erik Saar é um jovem sargento do exército americano que fez parte, durante seis meses, do pessoal
de Guantanamo. Por seu lado Fleur Johns, «Guantánamo
Bay and the Annihilation of the Exception», in *European
Journal of International Law,* XVI, 4, Setembro de 2005, pp.
613-635, sustenta paradoxalmente que esta prisão resulta da
norma e não da excepção, propondo uma leitura muito he-
terodoxa das teses de Carl Schmitt. Em Novembro de 2003,
o supremo Tribunal dos Estados Unidos aceitou estatuir sobre a legalidade da detenção de estrangeiros internados em
Guantanamo. A 28 de Junho de 2004, declarou que a base
de Guantanamo estava devidamente colocada sob a jurisdi-
ção dos Estados Unidos e concedeu aos detidos o direito de
contestar o seu encarceramento perante um tribunal americano. O supremo Tribunal não se pronunciou, com efeito,
sobre as condições de detenção dos internados. Como o faz
notar Jean-Claude Paye, «dá simplesmente aos prisioneiros o direito de apelar a um juiz federal, sem lhes garantir
formalmente o acesso a um advogado. Legitima assim os
procedimentos derrogatórios nos estádios da detenção e
do julgamento. Neste último nível instaura um verdadeiro
sistema de inversão da responsabilidade na constituição da
prova, uma vez que são os prisioneiros que deverão conven-
cer os juízes que essas incriminações ilegais não lhes dizem
respeito («Le droit pénal comme un acte constituant. Une
mutation du droit pénal», art. cit., p. 282).
[16] «Terrorisme et droits de l'homme», in *Le Monde,* Paris, 1
de Março de 2005.
[17] Dispomos hoje de muitas informações e testemunhos in-
dicadores de que, no quadro da guerra no Iraque e da luta
contra o terrorismo, o recurso à tortura foi constante. Cf.
Sanford Levinson, «Torture in Iraq and the Rule of Law in
America», in *Daedalus,* 2004, 3, pp. 5-9.
[18] Paul Berman, *Terror and Liberalism,* W.W. Norton, Nova
Iorque 2003; Michael Ignatieff, *The Lesser Evil. Politics
and Ethics in an Age of Terror,* Princeton University Press,

Princeton 2004.

[19] Cf. também Susie Linfield, «La danse des civilisations: l'Orient, l'Occident et Abu Ghraib», in *Esprit*, Paris, Junho de 2005, pp. 66-84,que se pergunta se um país pode «lutar eficazmente contra grupos terroristas sem, mais dia, menos dia, recorrer a técnicas extrajudiciárias no estrangeiro ou sem ser levado a limitar as liberdades no seu próprio território» (p. 78).

[20] Kim L. Scheppele, art. cit., p. 3. O autor analisa consequentemente as razões pelas quais os países europeus, embora confrontados, eles próprios, com a ameaça do terrorismo, não se empenharam na mesma via. A sua conclusão, que podemos discutir, é a de que «a concepção schmittiana de excepção já não é considerada como um quadro de resposta aceitável por um grande número dos nossos aliados, em particular pelos europeus» (ibid.). Sobre este ponto, cf. Alexandre Adam, *La lutte contre le terrorisme. Etude comparative Union européenne/États-Unis*, L'Harmattan, Paris 2005.

[21] Cf. Adrien Masset, «Terrorisme et libertés publiques», in Quentin Michel (ed.), *Terrorisme – Terrorism. Regards croisés – Cross Analysis*, Peter Lang, Pieterlen 2005. Sobre as consequências da adopção do *Patriot Act* para os cidadãos dos Estados Unidos, cf. George Steinmetz, «The State of Emergency and the Revival of Modern American Imperialism. Toward an Authoritarian Post-Fordism», in *Public Culture*, Primavera 2003, pp. 323345; M.C. Williams, «Words, Images, Enemies. Securitization and International Politics», in *International Studies Quarterly*, XLVII, 4, Dezembro de 2003, pp. 511-531; Andrew Norris, «"Us" and "Them"», art. cit.; Bernd Hamm (ed.), *Devastating Society. The Neo-Conservative Assault on Democracy and Justice*, Pluto Press, Londres 2005; Robert Harvey e Hélène Volat, *USA Patriot Act. De l'exception à la règle*, Lignes-Manifestes, Paris 2006; David Keen, *Endless War? Hidden Functions of the War on Terror*, Pluto Press, Londres 2006. Para uma leitura (de inspiração deleuziana) da «guerra contra o terrorismo» como «intensificação hipermoderna das lógicas tecnoló-

127

gicas e militarizadas da modernidade» cf. John Armitage, «On Ernst Jünger's "Total Mobilization": A Re-evaluation in the Era of the War on Terrorism», in *Body & Society*, 2003, 4, pp. 191-213.

[22] A vontade de alistar sob o estandarte da luta mundial aliados cada vez mais reticentes, após o fim da guerra fria, em aceitar o líder americano, remonta pelo menos a Bill Clinton, senão mesmo a Ronald Reagan.

[23] Percy Kemp, «Terroristes, ou anges vengeurs», art. cit., p. 22.

[24] Cf. Jean Baudrillard, *L'esprit du terrorisme*, Galilée, Paris 2001. «A táctica do terrorista, escreve Baudrillard, consiste em provocar um excesso de realidade fazendo, desmoronar o sistema sob esse excesso de realidade».

[25] «La déstabilisation humanitaire du droit international et le retour de la "guerre juste": une lecture critique du "Nomos de la Terre"», in *Les Etudes philosophiques*, Paris, Janeiro de 2004, p. 55. Cf. também Jean-Claude Monod, *Penser l'ennemi, affronter l'exception. Réflexions critiques sur l'actualité de Carl Schmitt*, Découverte, Paris 2007.

[26] Ibid., p. 56.

[27] «O direito como um acto constitutivo. Uma mutação do direito penal», art. cit., p. 276.

[28] Ibid., pp. 282 et 287-288.

[29] Cf. Jean-Claude Monod, «La radicalité constituante (Negri, Balibar, Agamben) ou peut-on lire Schmitt de droite à gauche?», in *Mouvements*, Paris, 37, Janeiro-Fevereiro 2005, pp. 80-88.

[30] Cf. Giorgio Agamben, «L'état d'exception», in *Le Monde*, Paris, 12 de Dezembro de 2002; «Der Gewahrsam: Ausnahmezustand als Weltordnung», in *Frankfurter Allegemeine Zeitung*, 19 de Abril de 2003.

[31] *La terreur et l'empire*, Seuil, Paris 2003, p. 200.

[32] Carl Schmitt foi, contudo, por vezes acusado, especialmente por William B. Scheuerman e por Oren Gross («The Normless and Exceptionless Exception: Carl Schmitt's Theory of Emergency Powers and the, "Norm-Exception"

Dichotomy», in *Cardozo Law Review*, XXI, 2000, pp. 1825-
1867), de generalizar o estado de excepção. Em alguns dos
seus escritos, Schmitt daria tanta importância à excepção
que esta acabaria, nele, por se substituir à regra, tal como
uma ditadura «à romana», que não deveria ser senão de
curta duração (para fazer face, precisamente a uma situação
de excepção), pode, em certas circunstâncias, transformar-
se em poder despótico permanente. Na *Teologia política*, a
ditadura limitada transforma-se com efeito em ditadura soberana. O que mais caracteriza a excepção, escreve então
Schmitt, «é principalmente a autoridade ilimitada, o que
significa a suspensão de toda a ordem existente». O ditador
não tem pois, necessariamente, por objectivo restabelecer a
ordem legal anterior, pode igualmente bem instaurar uma
nova. Contudo, Schmitt acrescenta logo em seguida: «numa
tal situação, é claro que o Estado permanece, enquanto que
a lei é suspendida. Sendo a excepção diferente da anarquia
ou do caos, a ordem no sentido jurídico do termo continua
a prevalecer, mesmo se não é sob a sua forma ordinária».
O estado de excepção continua a ser para Schmitt um meio
para restabelecer ou estabelecer uma ordem legal normal.
Existe para além disso uma grande diferença entre dizer
que a excepção define a norma, e não o inverso, e dizer que
a verdadeira norma é a excepção. Num espírito semelhante,
Marcello Montanari escreve que, para Schmitt, não importa
qual circunstância política pode, à discrição do soberano,
ser decretada «de excepção». («Note sulla crisi e la critica
della democrazia negli anni venti», in Giuseppe Duso, éd.,
La politica oltre lo Stato: Carl Schmitt, Arsenal Cooperativa,
Veneza 1981, p. 159). Esta afirmação parece-nos igualmente
excessiva.
[33] Giorgio Agamben, *Stato di eccezione*, Bollati Boringhieri,
Turim 2003 (trad. fr.: *L'état d'exception*, Seuil, Paris 2003, p.
144).
[34] *Avis aux naufragés. Chroniques du capitalisme mondialisé
en crise*, Lignes et Manifestes-Léo Scheer, Paris 2005, p. 79.

Da Dualidade Terra/Mar
ao Novo «*Nomos* da Terra»

Carl Schmitt escreve que «a história mundial é a história da luta das potências marítimas contra as potências continentais e das potências continentais contra as potências marítimas»[1]. Acrescenta que «toda a transformação histórica importante implica na maior parte das vezes uma nova percepção do espaço»[2]. Esta oposição entre a Terra e o Mar não lhe é própria, uma vez que a encontramos em numerosos especialistas militares, geopolíticos ou especialistas de geoestratégia. Contudo, em Carl Schmitt, a «lógica da Terra» e a «lógica do Mar» têm um alcance mais extensivo. A Terra é para Schmitt um elemento histórico mais ainda do que geográfico. É também um elemento antropológico: o homem é antes de tudo um animal terrestre, um «terrestre». Vimos antes que Schmitt, falando do guerrilheiro, lhe atribui um carácter «telúrico». Este elemento «telúrico» (*das Tellurische*) está intrinsecamente associado, na sua obra, simultaneamente ao político, à instância estatal e ao «grande espaço» europeu[3].

A lógica da Terra repousa sobre delimitações espaciais, quer isto dizer numa repartição da Terra em espaços claramente distintos. Esta lógica é fundamentalmente política, no sentido em que não há forma política que não esteja ligada a um espaço terrestre, mesmo que existam tradições políticas «terrestres» e tradições «marítimas», a Terra determina a liberdade concreta, que é sempre uma liberdade *localizada*, por oposição à liberdade «líquida» e «informe» do Mar. A Terra constitui o substrato do pensamento da ordem concreta. A lógica do Mar é pelo contrário intrinsecamente flutuante e caótica, dado que ignora as delimitações.

No oceano, não existem nem barreiras nem fronteiras, nem lei nem propriedade. É neste sentido que se pode afirmar que o Mar é «livre». Enquanto elemento líquido, o Mar não está submetido a nenhuma soberania estatal ou territorial fixa. Não pode ser propriedade de ninguém, uma vez que é igualmente propriedade de todos: é necessariamente *res nullius* ou *res omnius*. É por isso que é o lugar privilegiado das trocas que se operam em todos os sentidos: liberdade dos mares e liberdade do comércio mundial foram constantemente associados na história. Schmitt cita aqui o dito de Sir Walter Raleygh, segundo o qual «todo o comércio é comércio mundial, todo o comércio mundial é comércio marítimo»[4]. A lógica do Mar é a dos fluxos e dos refluxos.

À distinção Terra-Mar corresponde também uma distinção entre duas formas de guerra. Na guerra terrestre, «os adversários em presença são os exércitos: a população civil, não combatente, fica de fora das hostilidades. Ela não é o inimigo, e não é, aliás, tratada como tal enquanto não participar dos combates. A guerra no Mar, pelo contrário, repousa sobre a ideia de que é preciso atingir o *comércio* e a *economia* do adversário. A partir daí, o inimigo, já não é apenas o adversário em armas, mas tudo o que seja oriundo da nação adversária e mesmo, por fim, todo o indivíduo ou Estado neutro que comerceie com o inimigo ou que com ele mantenha relações económicas. A guerra terrestre tende ao afrontamento decisivo em campo aberto. A guerra marítima não exclui o combate naval, mas os seus métodos privilegiados são o bombardeamento e o bloqueio das costas inimigas e a captura de navios de comércio inimigos, e neutros, segundo o direito de presa. Por essência, os meios privilegiados da guerra no Mar são dirigidos tanto contra os combatentes quanto contra os não-combatentes. Um bloqueio, por exemplo, atinge sem distinção toda a população de um território visado»[5]. Na sua

Teoria da Guerrilha, Schmitt acrescenta que «a guerra no Mar é em larga medida uma guerra comercial; no que diz respeito à guerra em Terra, esta dispõe do seu próprio espaço e dos seus conceitos próprios de inimigo e de despojo»[6]. O bombardeamento aéreo visando as populações civis é o equivalente moderno do bloqueio, ao qual muitas vezes se vem juntar.

Schmitt lembra como a Inglaterra se assenhoreou nos séculos XVII e XVIII, desde os Actos de Navegação de 1651 e 1660, decretados por Cromwell, da dominação dos oceanos, atacando a potência espanhola e apoderando-se das riquezas dos impérios português e holandês. Desde essa época, a Inglaterra enceta uma «existência marítima». Mas hoje em dia são os Estados Unidos que substituíram a Inglaterra como potência talassocrática mundial. São, diz Schmitt, «a ilha perfeitamente adaptada à sua época (...) A América é "a ilha maior", aquela a partir da qual o domínio britânico dos mares se perpetuará, numa escala mais vasta, sob a forma de um condomínio marítimo anglo-americano»[7].

A célebre doutrina enunciada pelo presidente James Monroe na sua declaração de 2 de Setembro de 1823 traduzia uma vontade de não-intervenção nos assuntos europeus, mas sobretudo o desejo de fazer do conjunto geopolítico do continente americano uma coutada dos Estados Unidos. Condenava toda a intervenção europeia em qualquer parte do hemisfério americano. Os países da América Latina, ao verem ser-lhes negado qualquer interesse nacional distinto do interesse nacional dos Estados Unidos, cessavam por isso de existir politicamente para se tornarem tendencialmente em simples protectorados. Em 1845, a doutrina do Destino Manifesto (*Manifest Destiny*) precisa que «a colonização e a posse do continente americano pertencem ao destino evidente dos Estados Unidos». As ideias herdadas dessas duas «doutrinas» farão nascer um conjunto de princípios postos em prática pela primeira vez de forma sistemática sob a presidência de Theodore Roosevelt, antes de serem levadas à escala mundial por Woodrow Wilson. Schmitt mostra como, à época de Wilson, o que não era, no início, senão um princípio de não-intervenção num dado grande espaço, o hemisfério ocidental, se transformou progressivamente em justificação de um intervencionismo sem limites. Esta transformação de um objectivo legítimo de santuarização de um grande espaço concreto num princípio universal, voltando a dar uma legitimação quase religiosa a um imperialismo particular, marca segundo ele o início da «teologização» da política externa americana[8].

A ideia que a «Terra» e o «Mar» são entidades distintas cujo afrontamento pode ajudar a compreender a história destes últimos séculos encontra-se em vários geopolíticos, não somente franceses ou alemães, mas também anglo-saxónicos. Desde o fim do século XIX, o almirante americano Alfred Thayer Maham (1840-1914) apresenta, em dois livros que ficaram célebres[9], o vector marítimo como o factor chave na consolidação da potência americana. Mostra aos seus compatriotas que a potência marítima não se circunscreve a uma estratégia militar puramente defensiva, fundada sobre a protecção e a segurança dos espaços costeiros, mas implica a extensão ultramarina dos interesses, o domínio dos mares, podendo tornar-se assim a chave de uma estratégia militar renovada e a fonte de uma verdadeira potência internacional. Realçando que os Estados Unidos, já protegidos ao sul pela doutrina Monroe, constituem uma «ilha» do ponto de vista geopolítico, lembra o exemplo da potência naval britânica a partir do século XVII e recomenda aos americanos que se associem à Inglaterra para conter a Alemanha. Criando bases no estrangeiro, assegurando posições sólidas nos estreitos e rotas de comércio, dispondo de uma marinha omnipresente capaz de se projectar em todo o lado no mundo, de maneira a assegurar a liberdade mundial do comércio e a praticar o bloqueio marítimo dos países inimigos, a América, vaticina Mahan, pode atingir a dominação mundial[10]. De facto, a partir de 1922, data da assinatura do tratado de desarmamento naval, os Estados Unidos deterão a primeira frota de combate mundial. Hoje em dia, ainda, o seu poderio aeronaval não tem equivalente nos oceanos do globo.

Posteriormente a Mahan, o almirante britânico Halford J. Mackinder (1861-1947) teoriza, também ele, o afrontamento da Terra e do Mar. A sua tese central, defendida desde 1904[11], define o epicentro dos fenómenos geopolíticos a partir do conceito de centro geográfico do mundo. Este pivô central, que ele qualifica de «ilha mundial» (*World Island*) é, aos seus olhos, o continente eurasiático, cujo coração íntimo é constituído pela Alemanha e pela Rússia. Mackinder defende a ideia que o essencial das apostas geopolíticas se explica pela luta entre o *heartland* continental e as potências extracontinentais que o cercam. Esta análise será em parte retomada, mas também reelaborada, por Nicholas J. Spykman (1893-1943), conhecido sobretudo por ter formulado a doutrina americana de «contenção» (*containment*) que será aplicada pelos Estados Unidos contra a Rússia no início da Guerra Fria. Para Spykman, o pivô geopolítico mundial já não é contudo o *heartland*, mas o *rimland*, zona intermediária entre o *heartland* e os mares ribeirinhos. Nessa perspectiva, o controlo das zonas estratégicas do Próximo Oriente e Sudeste Asiático adquire uma importância central[12].

Com o aparecimento da aviação, um novo elemento se veio juntar à Terra e ao Mar: o Ar. Schmitt notou bem a importância crescente do Ar, na qual vê o aparecimento «de uma dimensão nova, acarretando consigo a modificação simultânea, na estrutura do seu espaço, dos antigos teatros da Terra e do Mar»[13]. Em *Terra e Mar*, define o Ar como uma «nova esfera elementar da existência humana»[14]. De facto, bem vistas as coisas, o Ar tem muitos pontos em comum com o Mar. As suas características principais são a amplitude, a ubiquidade, a vacuidade e a fluidez: não estando submetido a nenhuma «aderência», o espaço aéreo favorece a rápida deslocação de um ponto ao outro da superfície terrestre. Tem igualmente em comum com o Mar o não ser um espaço submetido a fronteiras, no sentido clássico do termo, sendo um vector de transporte e de comunicação, constituindo por fim, um instrumento de projecção de força e de poder.

O Ar é hoje em dia um dos elementos determinantes da estratégia militar, mas também da acção terrorista. A utilização estratégica do espaço extra-atmosférico, que não é uma simples extensão do espaço aéreo, já foi, aliás, encetada em larga escala. Esta utilização exerce-se tanto no domínio estritamente militar (identificação e localização de alvos, escuta, observação e vigilância, etc.) como no das informações, telecomunicações, meteorologia, tele-detecção, telefonia móvel, etc. As grandes características do espaço extra-atmosférico são: a imensidão, a hiper-altitude, a vacuidade, a (relativa) invulnerabilidade. A sua utilização militar, por intermédio dos engenhos espaciais, deverá, a termo, não somente permitir novas estratégias ofensivas, mas acarretar uma mutação radical da utilização das forças terrestres, sendo o espaço chamado a impor-se como suporte privilegiado da dimensão informativa das operações[15].

Os Estados Unidos consideram já o espaço como um teatro estratégico potencial, o que significa que a supremacia espacial já faz presentemente parte dos seus objectivos militares. Após a época da Guerra Fria, não cessaram de consagrar ao domínio do espaço orçamentos cada vez mais importantes. Na sua óptica, o espaço não é somente considerado como um multiplicador de potência, mas também como uma arma de pleno direito. É disto testemunha o projecto do escudo espacial anti-mísseis, reanimado em Dezembro de 2002 por George W. Bush, projecto herdado do conceito reaganista da «guerra das estrelas», que tem como principal aspecto estratégico, não somente a capacidade de intersecção cinética dos mísseis intercontinentais, mas a colocação no espaço circunterrestre de baterias laser a fim de dotar a América de uma capacidade de ataque preventivo de novo tipo. É igualmente significativo que o Pentágono encare, desde já, a diminuição progressiva das suas bases no ultramar, que os engenhos espaciais podem vir a substituir em certas funções[16]. Podemo-nos pois questionar, escreve Christian Malis, «se o meio espacial não está destinado a desempenhar um papel análogo ao do Mar na geopolítica mackinderiana». «Se o meio oceânico, acrescenta, constituiu durante muito tempo para os Estados Unidos o suporte privilegiado e o espaço de protecção de uma economia industrial conquistadora, sem dúvida o meio espacial é chamado a juntar-se ao meio marítimo para apoiar e proteger uma economia que assenta igualmente na informação»[17]

Após 1945, o tema essencial dos escritos de Schmitt é o do «*Nomos* da Terra». Schmitt constata que a época moderna é a do desaparecimento do antigo *Nomos* e interroga-se sobre aquilo que é chamado a suceder-lhe. Uma das questões essenciais que coloca é a de saber se a história se orienta em direcção a uma unificação política do mundo e quais podem ser as consequências, tanto para o mundo quanto para o próprio conceito do político.

Tal como já vimos, foi a partir de 1890 que, segundo Schmitt, a antiga ordem westefalliana do *jus publicum europaeum*, nascida no final da Guerra dos Trinta Anos (1648), se começou a dissolver num «universalismo sem espaço» e no «normativismo vazio» e abstracto duma legalidade internacional, na qual nenhum acordo se pode estabelecer, abandonando a sua centralidade europeia sem conseguir encontrar um fundamento substituto em matéria de legitimidade. Carl Schmitt dá, nessa perspectiva, um lugar essencial ao Tratado de Versalhes, que não só humilhou a Alemanha, substituindo a legitimidade das antigas dinastias pelo princípio das nacionalidades, mas que representou também o momento no qual a Europa se viu verdadeiramente destituida das suas antigas prerrogativas[18].

Schmitt vê no *Nomos* da Terra, termo que utilizou pela primeira vez em 1934, no momento em que abandona em parte o seu antigo decisionismo para aderir a um «pensamento da ordem concreta» (*konkretes Ordnungsdenken*) oriundo em grande parte do institucionalismo de Maurice Hauriou ou de Santi Romano, o conjunto ordenado das entidades políticas ligadas por regras comuns. O *Nomos* não é compreendido por ele no sentido da lei (*Gesetz*) quer isto dizer como simples produto da ordem legislativa, mas como uma «medida (*Messung*) primeira», uma repartição ou partilha original do espaço. O erro da modernidade ocidental, segundo Schmitt, foi precisamente o de substituir a lei como ordem concreta (*Nomos*) pela lei como simples regra (*Gesetz*). O *Nomos* resulta, bem entendido, da lógica da Terra, na medida em que tudo aí respeita as delimitações. Sem delimitações, sem limites espaciais, nenhuma ordem é possível: toda a ordem fundamental (*Grundordnung*) é uma ordem espacial (*Raumordnung*). O próprio direito, sublinha Schmitt, tem um fundamento telúrico «onde coincidem espaço e direito, ordem e localização»[19]. Do ponto de vista do pensamento da ordem concreta, todo o *nomos* resulta da unidade da ordem espacial (*Ordnung*) e da localização (*Ortung*), quer isto dizer da possibilidade de orientação no mundo de

137

uma dada comunidade. O *Nomos*, finalmente, é a forma ime-
diata (*unmittelbare Gestalt*) pela qual a ordem social e política de um povo se torna espacialmente visível. É na própria
medida em que constitui uma ordem territorial e espacial
concreta que o *Nomos* representa a ordem geral da Terra.

A questão do «novo *Nomos* da Terra» coloca-se sob
a forma de uma alternativa, da qual Carl Schmitt definiu os
termos desde o final dos anos trinta: o mundo do futuro será
quer unipolar, quer multipolar. Se for unipolar, será inevitavelmente submisso à hegemonia da potência dominante, que
não pode deixar de ser, hoje em dia, senão os Estados Unidos.
Será então o advento de um mundo unificado que Schmitt
assimila ao fim do político, uma vez que a essência do político
implica que se possa sempre determinar, em relação à pluralidade dos actores, quem é o amigo e quem é o inimigo (não
há político se contudo não existirem pelo menos duas polis
diferentes). Se o mundo continuar a ser, pelo contrário, um
mundo «político», será também, necessariamente um mundo multipolar, composto por «grandes espaços» (*Grossräume*)
,espaços culturais e cadinhos de civilização, mas também espaços geopolíticos, os únicos que poderão desempenhar um
papel de regulação e de diversificação em relação ao vasto
movimento da globalização. Schmitt resume esta alternativa na fórmula: «Grande Espaço contra Universalismo»[20].

Carl Schmitt expôs primeiramente os seus pontos de
vista sobre o «grande espaço» (*Grossgräum*) num pequeno
livro publicado em 1939, contendo o texto de uma conferência pronunciada, no mesmo ano, em Kiel[21]. Não hesita
em ver, no «grande espaço», uma nova categoria da ciência do direito internacional, e sublinha explicitamente que
essa categoria, que apresenta como uma «noção contempo-
rânea concreta tanto do ponto de vista histórico como político» (*konkreten geschichtlich-politischen Gegenwartsbegriff*),

é chamada a substituir a antiga ordem estatal nacional, em crise desde os anos trinta e actualmente obsoleta[22]. Os «grandes espaços», acrescenta Schmitt, e é este o ponto mais importante, devem assegurar a sua autonomia e a sua liberdade de movimento dotando-se, assim como o fizeram os Estados Unidos com a doutrina Monroe, duma «doutrina» interditando toda a intervenção de potências estrangeiras no espaço que lhe é próprio[23].

Ao mesmo tempo que substitui o Estado pelo «grande espaço», Schmitt opera uma transição correlativa da noção de *território*, corolário do conceito clássico de Estado-nação, pela de *espaço* com limites flexíveis, não determinados previamente. Provido de dimensões tão aéreas como terrestres ou marítimas, o «espaço» não é um simples território alargado. Enquanto que o território é uma noção estática, este corresponde a uma realidade dinâmica. Como o escreveu Jean-François Kervégan, «a passagem da problemática do Estado e do território fechado à da potência imperial e do grande espaço traduz, segundo Schmitt, a perempção da ordem jurídica e política da Europa moderna, perempção da qual o desenvolvimento do Estado total (...) seria o sintoma precursor no plano externo»[24]. Mas Schmitt cria também, de maneira significativa, um novo lugar para a noção de Império (*Reich*) que, na história, representou durante muito tempo a grande alternativa ao modelo do Estado-nação. Considera que cada «grande espaço», se deveria centrar em redor de um império, que regularia as relações dos países membros e permitiria ao «grande espaço» desenvolver uma ideia política que lhe seja própria. Mas sublinha também que o *Grossräum* não se deve confundir com o *Reich*, cuja missão é somente a de organizar o «grande espaço» e de o proteger de toda a intervenção externa. Definitivamente, admite que os «impérios», e já não as nações, possam mesmo vir a tornar-se nos principais actores das relações internacionais, mantendo-nos, não obstante, de sobreaviso contra a simples extensão mecânica da ideia de soberania nacional aplicada à dimensão do *Grossräum*[25].

A questão de saber se a actual União europeia constitui um «grande espaço», no sentido que lhe dava Carl Schmitt, ou se podemos estabelecer uma relação entre o ponto de vista de Schmitt e uma ou outra forma da doutrina federalista, foi objecto nos últimos anos de um certo número de discussões[26]. Estas contêm sempre uma parte de especulação na medida em que Schmitt, se bem que tenha morrido em 1985, cerca de trinta anos depois da assinatura do tratado de Roma, nunca publicou nada acerca da natureza das Comunidades Europeias. Certos autores desejosos de fazer da Europa uma potência autónoma, nomeadamente em matéria de política estrangeira e de defesa, nem por isso se referiram, contudo, de forma menos explícita, ao modelo schmittiano do «grande espaço» e à sua ideia de um novo *Nomos* da Terra[27], bem como igualmente à ideia de Império por oposição à de Estado-nação. Em contrapartida, certos adversários da construção europeia tentaram justificar a sua oposição a esse projecto referindo-se aos pontos de vista desenvolvidos por Schmitt, que se encarregaram de apresentar sob o aspecto mais negativo[28].

Carl Schmitt não aborda a questão da federação (*Bund*) senão nos capítulos 29 e 30 da sua *Vefassungslehre* de 1928[29]. A definição que dá mostra que esta não se confunde, nele, com o Estado federal (*Bundesstaat*) clássico nem com o Estado confederativo ou com a confederação de Estados (*Staatenbund*). A federação, escreve, é «uma união durável, repousando sobre uma livre convenção, servindo o objectivo comum da conservação política de todos os membros da federação; ela modifica o *status* político global de cada membro da federação em função desse objectivo comum»[30]. A entrada numa federação acarreta pois para os Estados uma modificação da sua Constituição. O pacto federativo (*Bundesvertrag*) é um «pacto estatutário inter-estatal»[31], cuja conclusão representa um acto do poder constituinte. Toda a federação possui enquanto tal uma existência política munida de um *jus belli* que lhe é próprio. É simultâneamente um sujeito de direito internacional e um sujeito de direito interno. Schmitt realça assim os paradoxos ou as antinomias da federação. Uma das mais evidentes é a de que os Estados membros subscrevem normalmente o pacto federativo para preservar a sua autonomia política, ainda que entrando na federação devam aí abandonar uma parte dela[32]. Mas a mais importante é esta: «uma federação justapõe dois géneros de existência política: a existência global da federação e a existência particular do Estado membro (...) Dos dois lados, são possíveis gradações, mas o caso extremo conduz sempre, seja à dissolução da federação que não deixa senão em cena os Estados isolados, seja ao desaparecimento dos Estados membros o que não deixa subsistir mais do que um Estado único»[33]. Estas antinomias não são solucionáveis, acrescenta Carl Schmitt, senão na condição de uma homogeneidade substancial de todos os membros da federação, somente esta homogeneidade podendo fundar entre eles um acordo concreto (*Überreinstimmung*).

Com a noção de «grande espaço», à qual Schmitt opõe explicitamente a de «universalismo», surge em todo o caso uma alternativa das mais actuais: unidade ou pluralidade do mundo, universo ou «pluriverso», globalização homogénea ou globalização conforme à diversidade das culturas e dos povos? Schmitt mostra que a ordem antiga, que foi a da modernidade, já não pode ser eurocêntrica, implicando, na era pós moderna, um rearranjo geral das relações internacionais em torno de uma alternativa simples: unipolaridade ou multipolaridade. A unipolaridade que poderíamos apodar de «monoteísta», consagra a hegemonia da potência dominante; a multipolaridade, conforme ao «politeísmo dos valores» (Max Weber), funda-se sobre o reconhecimento mútuo de conjuntos político-culturais de igual valor. A «evolução planetária», escreve Schmitt, «conduziu desde há já muito tempo a um claro dilema entre o universo e o pluriverso, entre monopólio e multipólio, quer isto dizer à questão de saber se o planeta (está) maduro para o monopólio global de uma só potência, ou se é um pluralismo de grandes espaços, de esferas de intervenção e de zonas culturais, auto-reguladas, e coexistentes que (vai) determinar um novo direito das gentes da Terra»[34].

Schmitt não esconde a sua preferência, que corresponde à coexistência de «vários grandes espaços ou blocos autónomos que estabeleceriam, entre eles, um equilíbrio e, através deste, uma ordem da Terra»[35]. Desde os anos cinquenta, prevê que a divisão binária do mundo herdado de Ialta entre o «mundo livre» e o bloco soviético, não anuncia tanto uma unificação do mundo quanto uma «transição para uma nova pluralidade». A Europa continua a ser, para ele, o espaço territorial «no qual se desenvolveu o arranjo geopolítico mais favorável à paz mundial»[36].

A alternativa entre mundo unipolar e mundo multipolar junta-se à oposição entre o Mar e a Terra, dado que um mundo multipolar implica a noção territorial de fronteira. No mundo actual, a lógica da Terra confunde-se, para além disso, mais do que nunca com uma lógica continental, a da Europa inteira (ou da Eurásia), enquanto que a lógica marítima, encarnada há pouco tempo pela Inglaterra, é hoje a da América. Do mesmo modo, poderíamos dizê-lo, a alternativa entre a construção da União europeia como simples espaço transatlântico de livre troca e a sua construção como potência continental autónoma resulta ainda desta mesma oposição, na medida em que o Mar está do lado do comércio, enquanto que a Terra está do lado do político discernido na sua essência. É bem por isto que os Estados Unidos exprimem tão frequentemente a sua adesão ao modelo unipolar, que consagraria a sua hegemonia planetária. Em 1991, Charles Krauthammer já escrevia: «Nós vivemos num mundo unipolar. Nós, os Americanos, deveríamos amá-lo, e explorá-lo»[37]. «Os Americanos, constata Thierry de Montbrial, rejeitam categoricamente a noção de um mundo multipolar, cujos dois componentes são inaceitáveis aos seus olhos. Por um lado, quem diz mundo multipolar subentende um equilíbrio das potências, e como tal, justamente, a necessidade de um contrapeso aos Estados Unidos (...) Eles não aceitam, por outro lado, que um qualquer equilíbrio possa ser garantido pela organização das Nações Unidas, quer isto dizer na prática pelo Conselho de segurança e mais precisamente pelos seus cinco membros permanentes»[38].

Desde então, o objectivo geopolítico maior dos Estados Unidos é o de evitar a formação de um *heartland* continental ou eurasiático que possa rivalizar com o seu próprio poderio, ou seja, tudo fazer para evitar a emergência de uma potência rival na Europa ocidental, na Ásia ou no território do antigo império russo. Daí a redefinição das missões da OTAN e o largamento do seu conceito estratégico, se bem que essa organização, ao princípio puramente defensiva, tenha objectivamente ficado sem razão de existir depois do desmoronamento do sistema soviético. O lugar crescente do oceano Pacífico nos assuntos do mundo, e o facto dos Estados Unidos cada vez mais se virarem nessa direcção, caminham no mesmo sentido.

Na medida em que se caracteriza pela proliferação das redes e dos fluxos de todas as espécies (comerciais, financeiros, tecnológicos, comunicacionais, etc.), a globalização deriva, também ela, da lógica do Mar, que não conhece nem fronteiras nem territórios fechados. Por um hábito de linguagem, que é por si próprio revelador, diz-se da globalização que ela unifica a Terra, mas de facto, ao unificá-la, submete a Terra à lógica do Mar, que é a da abolição das fronteiras e da supremacia dos fluxos e dos refluxos.

Depois de ter posto fim à bipolaridade mundial, a globalização acarreta uma desterritorialização generalizada das relações militares, políticas, económicas e financeiras. Abolindo o espaço territorial, abole também a temporalidade instaurando um «tempo zero», por força da sua ubiquidade e da sua instantaneidade. Com a mundialização do capitalismo, tal como com o neoterrorismo global, entramos nesse «espaço liso» que Gilles Deleuze e Félix Guattari opunham, há pouco tempo, ao «espaço estriado». Enquanto que o espaço «estriado» é pensado a partir do modelo do tecido, com a sua estrutura, a sua trama e a sua finitude, o espaço «liso» é pensado a partir do o modelo do feltro, que não implica nenhuma fricção, nenhum entrecruzamento, mas somente uma confusa mistura de fibras homogéneas que podem propagar-se em todos os sentidos para o infinito. O espaço «liso» não é situado, mas «nómada»; é um espaço sem profundidade, um espaço imediatizado e de contacto por todos os azimutes, que não contém nem formas nem conteúdos, mas somente fluxos sem ancoragem nem polarização. «Ao nível complementar e dominante de um capitalismo mundial integrado (ou antes integrante), escreviam Deleuze e Guattari, é produzido um novo espaço liso onde o capital atinge a sua velocidade "absoluta" (...) as multinacionais fabricam uma espécie de espaço liso desterritorializado onde os pontos de ocupação como os pólos de troca se tornam muito independentes das vias clássicas de estriagem»[39].

No seu diário, Carl Schmitt exprimiu o seu horror perante a perspectiva daquilo que Paul Virilio chamou o «globalitarismo», quer isto dizer o advento de um mundo globalizado que, por definição, seria um mundo sem exterior, e como tal sem político possível: «Como é horrendo, o mundo onde já não há estrangeiro, mas somente o interior»[40]. O mesmo sentimento encontra-se igualmente nas suas obras. No *Conceito de Político*, por exemplo, Schmitt exprime várias vezes o seu receio de que nasça um «planeta definitivamente pacificado», que «seria um mundo sem discriminação do amigo e do inimigo e por consequência um mundo sem política»[41]. A «criação de uma aliança das nações englobando a humanidade inteira», o advento de um Estado mundial ou de uma sociedade universal, considera, «significaria a despolitização total»[42]. Schmitt diz mesmo explicitamente que talvez venha a existir um dia um estádio totalmente despolitizado da humanidade, limitando-se a acrescentar que «por enquanto, não existe»[43].

Este receio é bastante estranho do próprio ponto de vista da sua definição do político , visto que Carl Schmitt diz também que o mundo unificado seria um mundo onde as guerras não desapareceriam, mas no qual todas derivariam do modelo da guerra civil. Se, com efeito, o político «não designa um domínio de actividade próprio, mas somente o grau de intensidade de uma associação ou de uma dissociação de seres humanos»[44], se ele pode «extrair a sua força dos mais diferentes domínios da vida», se «*todo* o domínio imaginável da actividade humana é potencialmente político e se torna imediatamente político no momento em que os conflitos fundamentais e as questões fundamentais são transportados para esse domínio»[45], então não conseguimos vislumbrar como é que o político poderia desaparecer, e o que é que, no fundo, motiva o pessimismo ou pelo menos a inquietude de Carl Schmitt. Se o político é bem aquilo que Schmitt diz dele, a saber uma dimensão característica da existência humana, e se todo o conflito, seja de que natureza for, se torna automaticamente político quando atinge um certo grau de intensidade, é antes necessário concluir pela permanência e pela inevitabilidade do político»[46]. A globalização não é pois um sinónimo de fim do político, e é-o tanto menos quanto a tendência para a unificação do mundo acarreta por reacção, e de maneira simétrica, novas fragmentações ou divisões no seu seio. Um mundo globalizado não é necessariamente um mundo pacificado, bem pelo contrário. Embora distinga claramente Estado e político e tendo sido um dos primeiros a constatar a desagregação do Estado-nação de tipo clássico, Carl Schmitt pode, talvez, simplesmente ter tido dificuldade em imaginar formas não estatais positivas de existência política.

No final deste breve panorama, resta concluir. George W. Bush e o seu círculo não são evidentemente homens políticos «schmittianos». Senhores da potência do Mar, reclamam-se de um modelo político ideológico que Schmitt não cessou de criticar. O seu liberalismo (no sentido europeu do termo) e o seu optimismo messiânico são tão alheios às ideias schmittianas quanto a maneira pela qual concebem a guerra como uma guerra «justa», onde o inimigo não é nunca reconhecido, mas designado como uma figura do Mal que é preciso erradicar, ou o modo como fazem uso da noção de urgência para instaurar o estado de excepção permanente. Mas é em contrapartida incontestável que graças à política posta em prática há alguns anos pela administração americana, temáticas, estas, propriamente, schmittianas retornaram ao primeiro plano da actualidade internacional e que essas temáticas são tantas mais chaves hermenêuticas que podem ajudar à compreensão do facto. Esperamos ter demonstrado quer a actualidade dos temas principais do pensamento de Carl Schmitt quer a inanidade da ideia segundo a qual os neoconservadores seriam fiéis adeptos deste pensamento.

1 *Terre et Mer. Un point de vue sur l'histoire mondiale,* Labyrinthe, Paris 1985, p. 23. A obra foi publicada pela primeira vez em 1942: *Land und Meer. Eine weltgeschichtliche Betrachtung,* Reclam, Leipzig 1942 (última edição: Klett-Cotta, Estugarda 2001). Sobre esta problemática, cf. Peter Schmidt, *Kontinentalmächte und Seemächte im weltpolitischen Den-ken Carl Schmitts,* Universität Mannheim, Mannheim 1980.

2 Ibid., p. 52.

3 Acerca deste assunto cf. Jerónimo Molina, «Carl Schmitt y lo telúrico», in *Razón española,* Madrid, Maio-Junho de 2005, pp. 263-276.

4 No seu célebre discurso de despedida de 1796, George Washington tinha deixado esta instrução: «O mais possível de comércio, o menos possível de política». Razão pela qual, no decurso dos dois últimos séculos, o imperialismo americano foi mais amíude, e em primeiro lugar, um imperialismo económico. Mas Schmitt viu bem que a economia, ao procurar eliminar tudo o que constitui um obstáculo ao seu domínio, atinge, a partir daí, um tal nível de intensidade que adquire as características do político: «A economia tornou-se um fenómeno político e, consequentemente, destino» (*La notion de politique,* op. cit., p. 125). O exemplo do imperialismo americano inverte igualmente o velho adágio segundo o qual o controlo da economia passa pela conquista do território: doravante é quem controla a economia que controla o território. Cf. *Le Nomos de la Terre,* op. cit., introdução, pp. 33-34.

5 *Terre et Mer,* op. cit., p. 75.

6 *Théorie du partisan,* op. cit., p. 233.

7 *Terre et Mer,* op. cit., p. 85.

8 Cf. Carl Schmitt, «Großraum gegen Universalismus.

Der völkerrechtliche Kampf um die Monroedokrin», in *Zeitschrift der Akademie für Deutsches Recht, VI, 7, Maio de 1939, pp. 333-337 (trad. fr.: «Grand espace contre universalisme. Le conflit sur la doctrine Monroe en droit international», in Carl Schmitt, Du politique, op. cit., pp. 127-136).*

9 *The Influence of Sea Power Upon History, 1660-1783*, Little Brown & Co., Boston 1890 (trad. fr.: *Influence de la puissance maritime dans l'histoire, 1660-1783*, Claude Tchou, Paris 2001); *The Interest of America in Sea Power*, Little Brown & Co., Boston 1897.

10 Cf. Christopher Leigh Connery, «Ideologies of Land and Sea. Alfred Thayer Mahan, Carl Schmit, and the Shaping of Global Myth Elements», in *Boundary 2*, Verão de 2001, pp. 173-201.

11 Halford J. Mackinder expôs pela primeira vez a sua doutrina aquando de uma conferência («The Geographical Pivot of History») pronunciada a 25 de Janeiro de 1904 perante a Royal Geographical Society de Londres.

12 Cf. Aymeric Chauprade, *Géopolitique. Constantes et changements dans l'histoire*, Ellipses, Paris 2001.

13 *Théorie du partisan*, op. cit., p. 277.

14 Carl Schmitt foi mesmo descrito como um «profeta do espaço» (Arturo Colombo, «Schmitt, strano profeta dello spazio», in *Corriere della Sera*, 8 de Abril de 2005).

15 Acerca do papel do espaço, e mais especialmente do espaço extra-atmosférico, no pensamento estratégico actual, cf. Serge Grouard, *la guerre en orbite. Essai de politique et de stratégie spatiales*, Economica-FEDN, Paris 1994; Benoît d'Albion, «L'emploi des armes aériennes dans les conflits modernes», in *Revue de défense nationale*, Paris, Janeiro de 1996.

16 Cf. acerca deste assunto Thierry Garcin, «L'espace, outil géopolitique des États-Unis», in Aymeric Chauprade (ed.), *Géopolitique des États-Unis. Culture, intérêts, stratégies*, Ellipses, Paris 2004, pp. 69-74, que sublinha que «a vontade americana de exercer uma predominância ou uma hegemonia repousando em parte sobre o espaço é (igualmente)

evidente no domínio civil, a começar pela rede terrestre de estações de recepção» (p. 72). A 6 de Outubro de 2006, a Casa Branca publicou um novo documento sobre a sua política espacial (*New Space Policy*). O texto sublinha que «a segurança nacional dos Estados Unidos depende de maneira crítica da sua capacidade espacial, e que essa dependência continuará a crescer», opondo-se a qualquer tratado que interdite as armas espaciais («a liberdade de acção no espaço é tão importante para os Estados Unidos como a sua potência aérea e marítima. Os Estados Unidos opor-se-ão a todo o novo regime jurídico ou a qualquer outra restrição que vise a interdição ou a limitação da sua utilização do espaço») e precisa que os Estados Unidos «Impedirão, se necessário, aos adversários a utilização de uma capacidade espacial hostil ao interesse nacional americano». Cf. também Peter Hayes (ed.), *Space Power Interests*, Westview Press, Boulder 1996; Jean-Michel Valantin, «*Militarisation de l'espace et puissance américaine*», in Diplomatie, Janeiro-Fevereiro de 2003, pp. 50-52; e Eduardo Mendieta, «*War the School of Space: The Space of War and the War for Space*», in Ethics, Place and Environment, IX, 2, Junho de 2006, pp. 207-229, que compara o pensamento geoestratégico de Carl Schmitt com os de Friedrich Ratzel, A.T. Mahan, Halford Mackinder e Guilio Duohet.

17 «L'espace extra-atmosphérique, enjeu stratégique et conflictualité de demain», texto disponível no site < www. stratisc.org >.

18 Cf. Carl Schmitt, «Die Auflösung der europäischen Ordnung im "International Law", 1890-1939», in *Deutsche Rechtswissenschaft*, V, 4, 9 de Novembro de 1940, p. 267-278 (texto reeditado in *Staat, Großraum, Nomos. Arbeiten aus den Jahren 1916-1969*, ed. por Günter Maschke, Duncker u. Humblot, Berlin 1995, pp. 372-387). «A substituição de um sistema eurocêntrico, singular, de soberanias de direito público por relações de direito privado, governando o livre mercado mundial, e a instauração de uma ordem imperial, moralmente fundamentada, que não vê na guerra mais do

que uma relação entre polícia e criminosos, raramente foi analisada com mais acuidade», escreve Martti Koskenniemi («International Law as Political Theology: How to Read "Nomos der Erde"?», in *Constellations*, Oxford, XI, 2004, 4, p. 500).

19 *Le Nomos de la Terre*, op. cit., p. 52.

20 «Großraum gegen Universalismus», art. cit. Talvez seja necessário contudo sublinhar que o «universalismo» de que fala o católico Carl Schmitt não é qualquer universalismo, mas aquele que o próprio apelida de «falso universalismo», de essência niilista. Sobre este ponto cf. Martti Koskenniemi, «International Law as Political Theology: How to Read "Nomos der Erde"?», art. cit., que considera que, em Schmitt, esse «falso universalismo» se opõe a um universalismo fundado na fé. A tradução em língua inglesa do *Nomos de la Terre* já abriu, aliás, um debate nos países anglo-saxónicos Cf. Mitchell Dean, «Nomos and the Politics of World Order», in Wendy Larner e William Walters (ed.), *Global Governmentality*, Routledge, Londres 2004; Mika Ojakangas, «A Terrifying World without an Exterior: Carl Schmitt and the Metaphysics of International (Dis)order», comunicação no colóquio «The International Thought of Carl Schmitt», Haia, 9-11 de Setembro de 2004; Alzbeta Dufferová, «The Historical Thinking of Carl Schmitt and its Signification for the World Orders», comunicação ao mesmo colóquio; *World Orders. Confronting Carl Schmitt's «The Nomos of the Earth»*, n° especial da revista *The South Atlantic Quarterly*, Durham, Primavera de 2005, pp. 177-392; Christoph Burchard, «Interlinking the Domestic with the International: Carl Schmitt on Democracy and International Relations», in *Lei-den Journal of International Law*, Leiden, XIX, 2006, 1, pp. 9-40; Thalin Zarmanian, «Carl Schmitt and the Problem of Legal Order: From Domestic to International», ibid., pp. 41-67.

21 *Völkerrechtliche Grossraumordnung mit Interventionsverbot für raumfremde Mächte. Ein Beitrag zum Reichsbegriff im Völkerrecht*, Deutscher Rechtsverlag, Berlim-Viena-Leipzig

1939. A obra conheceu quatro edições sucessivas entre 1939 e 1942, com aperfeiçoamentos em cada uma delas. Foi reeditada na recolha publicada sob a direcção de Günter Maschke, *Staat, Grossraum, Nomos*, op. cit., pp. 269-371. No III Reich, foi objecto de violentas críticas por parte de certos juristas ou teóricos nazis, nomeadamente Werner Best, Reinhard Höhn e Wilhelm Stuckart. Cf. também Joseph H. Kaiser, «Europäiches Großraumdenken. Die Steigerung geschichtlicher Größen als Rechtsproblem», in Hans Barion, Ernst Wolfgang Böckenförde, Ernst Forsthoff e E. Weber (Hrsg.), *Epirrhosis. Festgabe für Carl Schmitt*, Duncker u. Humblot, Berlim 1968, vol. 2, pp. 319-331; Matthias Schmoeckel, *Die Grossraumtheorie. Ein Beitrag zur Geschichte der Völkerrechtswissenschaft im Dritten Reich, insbesondere der Kriegszeit*, Duncker u. Humblot, Berlim 1994. Acerca dos aspectos estratégicos actuais da noção de grande espaço, cf. Adolfo Sergio Spadoni, *Nomos e tecnica. Ragion strategica e pensiero filosofico-giuridico nell'Ordinamento dei grandi spazi*, Edizione Scientifiche italiane, Napoles 2005 (principalmente o cap. 1, «Dall'idrosofia alla cosmosofia. Considerazioni sul "Grossraumdenken" di Carl Schmitt», S. 11-70).

22 Schmitt constata a partir de 1932: «A era do Estado está no seu declínio (...) O Estado, modelo da unidade política, e investido de um monopólio admirável entre todos, o da decisão política, o Estado, essa obra-prima da forma europeia e do racionalismo ocidental, está destronado» (*La notion de politique*, op. cit., pp. 42-43). Embora sendo profundamente estatista, Schmitt tomou a precaução de nunca confundir Estado e político. A antítese de amigo e de inimigo, que é, segundo ele, o fundamento do político, é historicamente e ontologicamente anterior ao aparecimento do Estado. Inversamente, logo que o político abandona a sua instância clássica, a instância estatal, é para se manifestar sob outras formas e por outros meios. O Estado-nação, noutros termos, não é senão uma entidade política entre outras possíveis. Estado e político sobrepuseram-se durante muito tempo,

mas nunca se confundiram.

23 No seu livro Carl Schmitt expõe a maneira pela qual, a partir do momento em que a doutrina Monroe foi enunciada, os Estados Unidos constantemente reclamaram em seu benefício um direito de intervenção permitindo-lhes assumir-se como «árbitro da Terra». Segundo ele, os Estados Unidos dominaram o direito internacional a partir de 1919, e esse processo culminou no momento do pacto Briand-Kellog de 1928.

24 «Carl Schmitt et "l'unité du monde"», art. cit., p. 13.

25 Acerca da maneira como Carl Schmitt estabelece uma ligação entre o espaço e o Império, cf. também o seu texto de 1951, «Raum und Rom. Zur Phonetik des Wortes Raum», in Universitas, Estugarda, VI, 9, Setembro de 1951, pp. 963-968 (texto reeditado in Staat, Grossraum, Nomos, op. cit., pp. 491-495), onde se entrega a uma comparação entre a denominação alemã de espaço, Raum, e o nome da cidade de Roma.

26 tCf. especialmente Olivier Beaud, «Fédéralisme et souveraineté, notes pour une théorie constitutionnelle de la Fédération», in Revue de droit public, Paris, 1998, 1, pp. 86 ff.; Jerónimo Molina, «¿Unión europea o gran espacio?», in Razón española, Madrid, Setembro-Outubro 2002, pp. 161-182; Constantin Houchard, Carl Schmitt, la Fédération et l'Union européenne, comunicação, Seminário de teoria geral do Estado e de história das ideias políticas, Universidade católica de Lovaina, Louvain-la-Neuve 2002. A tese segundo a qual o Tribunal constitucional da Alemanha federal fez assentar o seu julgamento a propósito do tratado de Maastricht em critérios originários de uma concepção schmittiana da democracia foi defendida por Joseph H. Weiler, «Does Europe Need a Constitution? Demos, Telos, and the German Decision», in European Law Journal, 1995, 1, pp. 219 ff. (cf. também, do mesmo autor, «The State "über alles": Demos, Telos and the German Decision», in Ole Due, Marcus Lutter e Jürgen Schwarze, Hrsg., Festschrift für Ulrich Everling, Nomos, Baden-Baden

1995, vol. 2, pp. 1651 ff.). Essa tese foi objecto de um exame crítico: Peter L. Lindseth, *The Maastricht Decision Ten Years Later. Parliamentary Democracy, Separation of Powers, and the Schmittian Interpretation Reconsidered*, European University Institute, San Domenico di Fie-sole 2003.

27 Cf. por exemplo Carlo Masala, «Europa sollte ein Reich werden. Carl Schmitts Großraumtheorie könnte helfen, dem imperialen Uni versalismus der Vereinigten Staaten auf kluge Weise zu entkommen», in *Frankfurter Allgemeine Zeitung*, Frankfurt/M., 10 de Outubro de 2004, p. 15. Cf. também Carmelo Jiménez Segado, «Carl Schmitt and the "Grossraum" of the "Reich". A Revival of the Idea of Empire», comunicação no colóquio «The International Thought of Carl Schmitt», Haia, 9-11 Setembro de 2004.

28 John Laughland, grande adversário da construção europeia, também publicou um livro polémico (*The Tainted Source. The Undemocratic Origins of the European Idea*, Warner, Londres 1997) no qual relaciona este projecto com as ideias de Carl Schmitt em matéria de «grande espaço», confundindo sistematicamente as suas ideias com as dos planos nazis de organização e de rearrumação da Europa. A obra, que se esforça com efeito por reconduzir o projecto de construção europeia à ideia que os nazis faziam da futura Europa, foi objecto de uma réplica e de uma precisão: Alexander Proelss, «Nationalsozialistische Baupläne für das europäische Haus? John Laughland's "The Tainted Source" vor dem Hintergrund der Grossraumtheorie Carl Schmitts», in *Forum historiae juris*, 12 de Maio de 2003. Proelss mostra no que a noção de *Grossraum* em Schmitt se diferencia radicalmente da concepção de espaço europeu tal como foi exposta nos anos 1940 por teóricos SS como Werner Best ou Reinhard Höhn, que opunham sistematicamente a ideia de *völkische Großraumordnung* à de *völkerrechtliche Großraumordnung*. O mesmo assunto deu lugar, a 29 e 30 de Setembro de 2000 no Instituto Europeu de Florença, a um colóquio cujas actas foram publicadas: Christian Joerges u. Navraj Singh Ghaleigh 1955», pp. 133-141), Christian Joerges

(«Europe a "Grossraum"? Shifting Legal Conceptualisations of the Integration Project», pp. 167-191) e Neil Walker («From "Grossraum" to Condominium. A Comment», pp. 193-203). Sobre o projecto de construção europeia, cf. também Ben Rosamond, *Theories of European Integration*, Macmillan, Basingstoke 2000; Dimitris N. Chryssochoou, *Theorizing European Integration*, Sage, Londres 2001.

29 *Verfassungslehre*, Duncker u. Humblot, Munique-Leipzig 1928 (última edição: Berlim 2003, trad. fr.: *Théorie de la Constitution*, Presses universitaires de France, Paris 1993). Estas passagens foram reunidas e traduzidas em inglês, com um comentário de Gary L. Ulmen: «The Constitutional Theory of Federation», in *Telos*, Nova Iorque, 91, primavera 1992, pp. 26-56.

30 *Théorie de la Constitution*, op. cit., p. 512.

31 Ibid., p. 513.

32 «O direito federativo prevalece sempre sobre o direito do Estado-membro enquanto a federação agir no quadro das suas competências face aos Estados-membros» (ibid., p. 529).

33 Ibid., p. 518.

34 *Le Nomos de la Terre*, op. cit., p. 241.

35 «Der neue Nomos der Erde», in *Gemeinschaft und Politik*, III, 1, Janeiro de 1955, pp. 7-10 (texto reeditado in *Staat, Großraum, Nomos*, op. cit., pp. 518-522).

36 John P. McCormick, «Carl Schmitt's Europe. Cultural, Imperial and Spatial Proposals for European Integration, 1923-1955», art. cit.

37 *The Washington Post*, Washington, 22 de Março de 1991.

38 *La guerre et la diversité du monde. Les États-Unis contre l'Europe puissance*, L'Aube, La Tour d'Aigues 2004, p. 120.

39 *Capitalisme et schizophrénie. 2: Mille plateaux*, Minuit, Paris 1980, p. 614. «Poderíamos questionarmo-nos, comenta Mireille Buydens, se o liso não é um modelo útil para pensar o pós-capitalismo financeiro, cujos fluxos se concentram, se desvanecem ou deslizam, deslocando-se e aglutinando-se sobre os valores, segundo a conveniência de

"leis" que têm mais afinidades com as necessidades misteriosas de uma meteorologia da tempestade que com uma ciência preditiva» («Espace lisse/Espace strié», in Robert Sasso e Arnaud Villani, ed., *Le vocabulaire de Gilles Deleuze*, n° especial da *Cahiers de Noesis*, 3, Primavera de 2003, p. 135). Ndt.: A análise deleuziana recorre de sobremaneira aos fenómenos naturais como ilustração. A tempestade reveste aqui o significado de um modelo de turbulência.

40 *Glossarium. Aufzeichnungen der Jahre 1947-1951*, Duncker u. Humblot, Berlim 1991, à data de 5 de Novembro de 1947.

41 *La notion de politique*, op. cit., p. 73.

42 Ibid., p. 98.

43 Ibid., p. 18.

44 Ibid., p. 77.

45   *Der Hüter der Verfassung*, J.C.B. Mohr-Paul Siebeck, Tübingen 1931 (última edição: Duncker u. Humblot, Berlim 1996), p. III.

46 S. Parvez Manzoor, «The Sovereignty of the Political. Carl Schmitt and the Nemesis of Liberalism», in *The Muslim World Book Review*, Leicester, Outono de 1999.

www.ingramcontent.com/pod-product-compliance
Lightning Source LLC
Chambersburg PA
CBHW022111280326
41933CB00007B/339